EMPFEHLUNGEN

"Ausführlich recherchiert und bewegend geschrieben" - **Jonathan Gornall**

Achtzig Jahre nach dem Beginn der völkermörderischen Katastrophe, die sechs Millionen Juden in Europa das Leben kostete, besteht die Gefahr, dass die wahre Bedeutung des Holocaust für die Geschichte verloren geht, da die Stimmen der letzten Überlebenden nicht mehr gehört werden können.

Das Haus in der Thrömerstraße, ein gründlich recherchiertes und bewegend geschriebenes Buch, dient dem wichtigen Zweck, diese Bedeutung lebendig zu halten, nicht durch eine breite Nacherzählung der Horrorgeschichte, die der Holocaust ist, sondern durch das Eintauchen des Lesers in das Leben der Familie Böhm und ihrer Nachkommen.

Schließlich hat jeder von uns eine Mutter und einen Vater, und die Geschichte der Böhms - eine weitere gewöhnliche Familie, die ihren Weg in der Welt machen wollte, genau wie unsere eigene, bis der Aufstieg des Nationalsozialismus ihre Sonne auslöschte - ist eine, mit der wir uns alle identifizieren können.

Der Autor Ron Vincent hat es geschafft, die Geschichte des Lebens und der Zeit dieser Familie mit gerade genug Details auszufüllen, um ihre Hoffnungen, Träume und Leiden zum Leben zu erwecken, ohne die Erzählung mit Einzelheiten zu überfrachten - eine Falle, in die viele Sachbuchautoren, die alle Früchte ihrer erstaunlichen Recherchen präsentieren wollen, häufig tappen.

Vincent schafft es auch, die emotionale Distanz zu seinem Thema zu wahren, die von jedem Erzähler verlangt wird, der glaubwürdig sein will. Dies ist eine umso beeindruckendere Leistung, wenn man bedenkt, dass er der Sohn von Ruth Böhm ist, die 1939 aus Deutschland nach England floh, und der Urenkel von Louis Böhm, dem Tuchhändler aus Katscher (heute Kietrz in Polen), dessen Geschichte das Buch eröffnet und die in einer Tragödie endet.

Die Tragödie ist natürlich ein Thema, das sich durch dieses Buch zieht, aber es ist nicht alles dunkel. Vincent ist entschlossen zu zeigen, dass der menschliche Geist die dunkelsten Tage überdauern und sich über sie erheben kann. Das tut er, indem er den verstreuten Fußstapfen einer Familie folgt, die aus dem Chaos des Zweiten Weltkriegs auftaucht, um in Australien, Südamerika, den Vereinigten Staaten und dem Vereinigten Königreich einen Neuanfang zu wagen.

Natürlich wird es einige geben, die die Notwendigkeit eines weiteren Buches über den Holocaust und seine Opfer in Frage stellen. Dass solche Mahnungen aber notwendig sind, zeigt das Wiederaufleben des Antisemitismus in den nationalistischen Narrativen rechtsextremer Gruppierungen in ganz Europa - ausgerechnet auch in Deutschland - auf deprimierende Weise.

In ihrer Rede anlässlich des 70-jährigen Bestehens des Zentralrats der Juden in Deutschland im September 2020 wies Bundeskanzlerin Angela Merkel auf den Anstieg antisemitischer Verschwörungstheorien und Hassreden in den sozialen Medien hin und sprach von ihrer Scham darüber, dass "viele Juden sich nicht sicher fühlen, sich nicht respektiert fühlen in unserem Land".

Für sie und für die Millionen von Juden, die diesen Weg schon einmal gegangen sind, müssen Bücher wie *Das Haus in der Thrömerstraße* geschrieben werden.

Jonathan Gornall ist ein britischer Autor und Journalist, früher bei der Times. Sein Buch How To Build A Boat - A Father, His Daughter and The Unsailed Sea ist bei Simon & Schuster in Großbritannien und bei Scribner in den USA erschienen

"Das Haus in der Thrömerstraße" ist eine fesselnde Lektüre, die Ron Vincents zutiefst emotionale Reise auf der Suche nach den Wurzeln seiner Familie schildert. Dies ist ein wunderbar geschriebenes Buch. Der Schreibstil des Autors fließt fast wie ein sanftes Klavierspiel, und er verdient jedes Lob für seine unermüdliche Recherche bei der Entdeckung der kleinsten Details über die Geschichte seiner Familie. Alles ist so klar zu einer Art Wandteppich gewebt, der aus den Individuen - seinen Vorfahren - besteht, die durch ihre Freuden und Leiden Geschichte schufen. Wir, als Menschen, sind alle unendlich miteinander verbunden. Wir sind alle wie eins. Jeder von uns hat eine Geschichte, und sie ist meist eine von ertragener Not und Leid. Diese Geschichte hat mich tief berührt, so wie sie auch Sie berühren wird. Ich rate Ihnen, sich auf diese zutiefst heilende Reise in eine Geschichte zu begeben, die uns alle betrifft. Ron Vincent kann mit Recht stolz auf seine lebensverändernde Leistung sein.

Elizabeth Pawluk, Edmonton, Kanada

Als ich dieses Buch zum ersten Mal aufschlug, sank mein Herz. Obwohl auch ich von meiner eigenen europäischen Familiengeschichte fasziniert bin, war die Vorstellung, eine langatmige Beschreibung der Reise einer anderen Familie durch Leid, Terror und Überleben zu lesen, nicht sehr ansprechend, aber ich war bereit, einen Blick darauf zu werfen. Als der Autor zu beschreiben begann, wie er so viel von ihrer Geschichte in wunderbar klarer und eleganter Prosa zusammengefügt hatte, fühlte ich mich ermutigt. Hier verbanden sich Besessenheit und

Integrität in dieser relativ kurzen Untersuchung des familiären Hintergrunds seiner Mutter Ruth Böhm in einem Versuch, mit ihrem Leben und auch mit seinem eigenen klarzukommen.

Nachdem er die Stätten ihrer Häuser und Geschäfte in Oberschlesien besucht hat, hat er sie in Worten und Bildern zum Leben erweckt und sie dann in den Kontext der politischen und sozialen Umwälzungen des frühen 20. Jahrhunderts und des Zweiten Weltkriegs gesetzt. Katscher, Breslau und andere Kulturstädte, die von den Deutschen und dann von den Russen verwüstet wurden, sind für mich zu realen Orten geworden, so sehr sich ihre Namen auch geändert haben, da sie im späteren Polen wieder aufgebaut wurden. Gerade als die Düsternis schwer zu ertragen wurde, blitzt er auf die große und blühende Familie, die es jetzt überall auf der Welt gibt, und man wird mit Hoffnung und Licht zurückgelassen. Da er in Wales geboren ist und Deutsch studiert hat, hat er auch in Australien gelebt, wo der Großteil der Familie sich neu gruppiert und ihr Glück wiedergefunden hat, so dass man einen echten Eindruck von ihrem neuen Leben bekommt und nicht nur eine akademische Ansammlung von Notizen, ein Verständnis für seine eigene Entdeckung seiner jüdischen Identität. Sein gegenwärtiges Leben in Deutschland dreht das Rad weiter.

Womit ich nicht gerechnet hatte, war, dass ich mehr Informationen über den Hintergrund meines eigenen Vaters finden würde. Seine Reise begann in Wien, ging über Dachau, das Kitchener Camp in Kent und das Pionierkorps. Ich ertappte mich dabei, dass ich mir die Fotos genau ansah, nur für den Fall, dass er dort im Hintergrund zu sehen war. Natürlich war es unwahrscheinlich, aber er hätte so viel mit denen geteilt, die dort waren. Dies und der politische Kommentar haben das Buch für mich auf eine neue Grundlage gestellt. Jemand hat für mich und ich glaube für viele weitere Familien, die der Verfolgung durch die Nazis entkommen sind, wertvolle Nachforschungen angestellt. Dies mag ein sehr persönliches Buch sein, aber es ist ein Lichtschacht, den ich anderswo nicht gefunden hatte, und eine lohnende Lektüre.

Kathy Shock ist ein aktives Mitglied der jüdischen Gemeinde in Oxford. Ihr eigener Vater verließ Wien über Dachau, kämpfte dann in der britischen Armee nach einer Zeit im Kitchener Camp Pioneer Corps und lernte ihre jüdische englische Mutter in London kennen. Er schaffte es gerade noch rechtzeitig, seine eigenen Eltern mit einem Inlandsvisum nach Großbritannien zu holen, und der Großteil ihrer Familie wurde über die ganze Welt verstreut, anstatt im Holocaust umzukommen. Aber ihre Wurzeln und ihre Reisen ähneln denen des Autors, ebenso wie die von unzähligen Juden, die weltweit verstreut sind.

"Das Haus in der Thömerstraße" ist ein sehr lesenswerter Bericht über die persönliche Reise des Autors zur Entdeckung seiner wahren Identität. Als er herausfindet, dass seine Mutter Jüdin war, begibt er sich auf eine faszinierende Reise in die Vergangenheit, die ihn von der Isle of Man, wo seine Mutter interniert war, bis zum Haus seiner Urgroßeltern in Oberschlesien führt.

Tina Delavre ist Ehrenvizepräsidentin von B'nai B'rith, Frankfurt und Herausgeberin der jüdischen Einwandererzeitschrift 'Unsere Stimme'

DAS HAUS IN DER THRÖMERSTRASSE

EINE GESCHICHTE VON WIEDERGEBURT UND ERNEUERUNG NACH DEM HOLOCAUST

RON VINCENT

ISBN 9789493231689 (E-Book)

ISBN 9789493231672 (Taschenbuch)

Verlag: Amsterdam Publishers, die Niederlande

info@amsterdampublishers.com

© Ron Vincent 2021

Aus dem Englischen von Tina Delavre

Titelbild: Das Haus in der Thrömerstraße um 1935

Alle Rechte vorbehalten. Kein Teil dieser Publikation darf in irgendeiner Form oder mit irgendwelchen Mitteln, elektronisch oder mechanisch, einschließlich Fotokopie, Aufzeichnung oder einem anderen Informationsspeicher- und -abrufsystem, vervielfältigt oder übertragen werden, ohne vorherige schriftliche Genehmigung des Verlages.

INHALT

Louis & Jenni Böhm Stammbaum (die ersten 4 Generationen)	xiii
Prolog	xvii

TEIL I

Die Anfänge einer Dynastie	3
Der aufkommende Sturm	20
Flucht und Internierung	30
Tragödie und Verzweiflung	62
Endlich Frieden und ein neues Leben	76
In Sicherheit und Neubeginn	83

TEIL II

Das Zerbrechen eines schlesischen Traums	97
Die Belagerung von Breslau	104
Der Fall von Katscher und Gleiwitz	112
Ein verwandeltes Land	117

TEIL III

Katschers dunkle Geschichte	127
Eine Zeitreise in die Vergangenheit	140
Eine überraschende Entdeckung	163

Epilog	171
Danksagungen	193
Referenzen	195

Gewidmet dem Andenken an

Louis Böhm,

Seinem Sohn Siegbert

Und Schwiegertochter Clara,

Die in der Shoah ermordet wurden

LOUIS & JENNI BÖHM STAMMBAUM
(DIE ERSTEN 4 GENERATIONEN)

Im unteren Stammbaum wurden für die Familienmitglieder die anglisierten Namen verwendet und nicht die deutschen Namen, mit denen sie geboren wurden: George/Georg; Kate/Käthe; Henry/Heinrich; Gary/Gerd; Walter/Walther; Arthur/Artur.

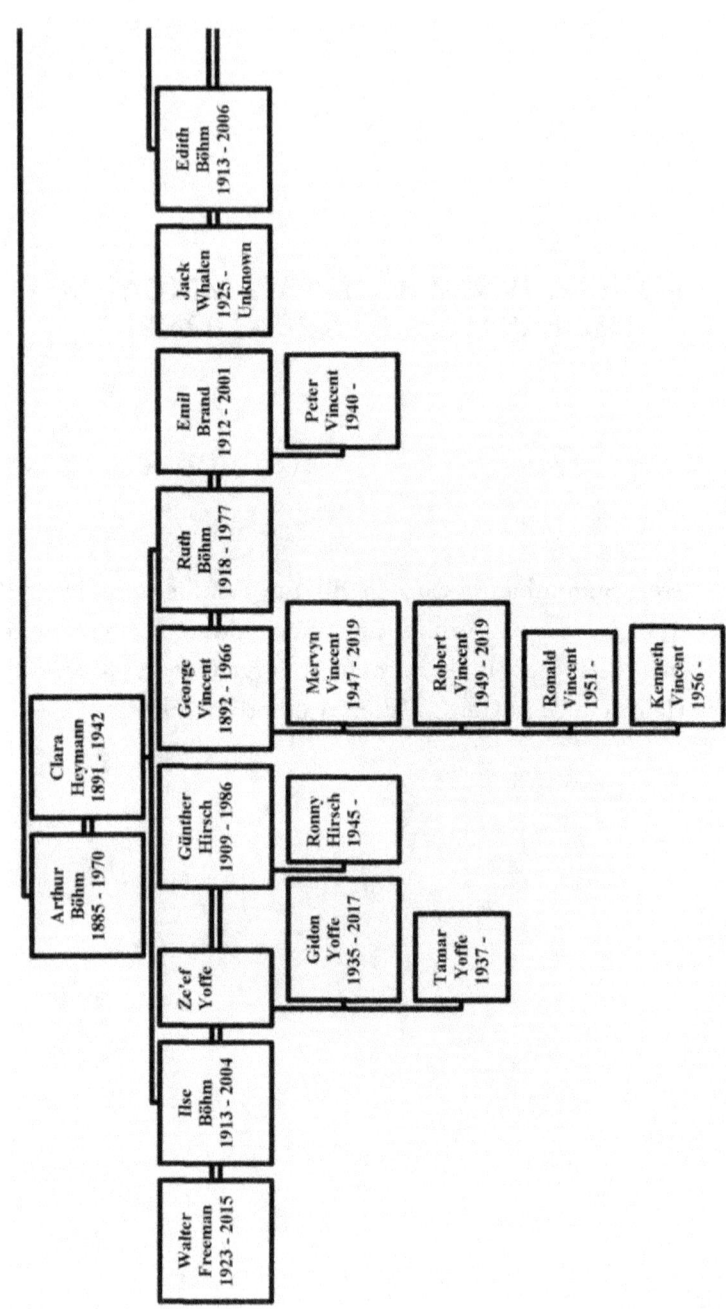

Louis und Jenni Böhm

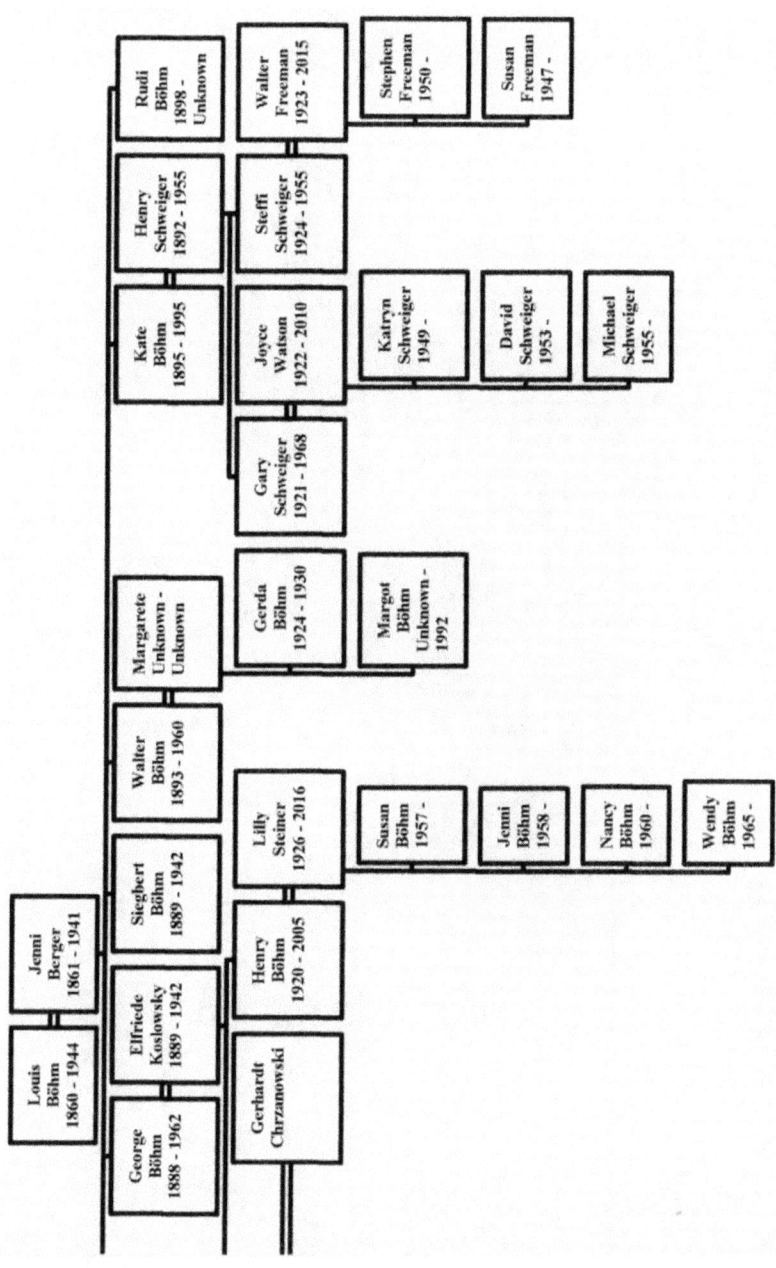

Stammbaum (Erste 4 Generationen)

PROLOG

Mit dem Koffer in der Hand betrat Ruth Böhm am 21. Mai 1939 die überfüllte Schalterhalle des Breslauer Hauptbahnhofs. Sie wurde von ihrer Mutter Clara und einigen anderen Familienmitglieder begleitet. Ihr endgültiges Ziel war ein bescheidenes Einfamilienhaus in einer ruhigen, grünen Straße in Abbots Langley, England, wo sie eine Stelle als Haushaltshilfe bei der Familie Sadler antreten sollte. Die Familie bestand aus zwei älteren Jungfern, deren verwitwetem Bruder und einem jungen Mädchen im Teenageralter. Ruth verließ Deutschland, weil sie Jüdin war und seit Hitlers Machtergreifung 1933 der Alltag für jüdische Menschen unerträglich und in vielen Fällen zunehmend gefährlich geworden war.

Kurz nach seiner Wahl zum Reichskanzler führte Hitler die Nürnberger Rassengesetze ein, die darauf abzielten, den Juden die deutsche Staatsbürgerschaft, die grundlegenden Menschenrechte und die Freizügigkeit zu nehmen. Dies machte es ihnen unmöglich, öffentliche Ämter zu bekleiden, die gleichen Freiheiten wie nicht-jüdische Bürger zu genießen oder überhaupt ein normales Leben zu führen. Antijüdische Gefühle, die schon seit

Generationen unter der Oberfläche schwelten, breiteten sich in den nächsten Jahren schnell in ganz Deutschland aus. Dieser wachsende Unmut schlug schnell in Hass um, der schließlich am 9. November 1938, der so genannten Kristallnacht, ausbrach, als Hunderte von Synagogen und jüdischen Geschäften niedergebrannt und in Schutt und Asche gelegt wurden. In der Folge konnten sich jüdische Menschen in Deutschland nicht mehr sicher fühlen. Vor allem viele Eltern beschlossen, alles dafür zu tun, dass ihre Kinder und jüngeren Familienmitglieder in ein anderes Land geschickt werden konnten, wo sie in Frieden leben und nicht verfolgt würden, nur weil sie der falschen Rasse angehörten. Für die Mitglieder der Familie Böhm, die an diesem Tag auf dem Bahnhof anwesend waren, war dies kein glücklicher Tag. Ruth, die noch nie von zu Hause weg war und gerade 21 Jahre alt wurde, ließ ihre Familie, ihre Freunde, ihr Leben in Breslau und alles, was ihr vertraut war, zurück. Sie hatte nicht die geringste Ahnung, was auf sie zukommen würde. Auch konnte sie nicht wissen, wann oder ob sie ihre Familie jemals wiedersehen würde.

Weniger als vier Monate später, am 1. September, überfiel Deutschland Polen, ein Ereignis, das den Beginn des Zweiten Weltkriegs markieren sollte. In den vorangehenden sechs Jahren hatte die Welt tatenlos zugesehen, wie Hitler allmählich begann, immer mehr Macht über Deutschland auszuüben und seinen Plan der europäischen Vorherrschaft in die Tat umzusetzen. Alle Versuche, mit ihm zu reden und zu verhandeln, endeten in gebrochenen Versprechen und Misserfolgen. Nichts, so schien es, konnte seine Entschlossenheit brechen, Deutschland wieder zu einer großen, mächtigen und stolzen Nation zu machen, nachdem es die Demütigung der Niederlage im Ersten Weltkrieg erlitten hatte. Der Zweite Weltkrieg dauerte sechs Jahre und kostete bis zu seinem endgültigen Ende Anfang September 1945 schätzungsweise mehr als 72 Millionen Menschen das Leben. Es war der erste wirklich globale Krieg und einer der schlimmsten Konflikte der modernen Geschichte, was seine Ausbreitung und den schieren

Verlust an Menschenleben angeht. Er ließ keinen Teil der Welt unberührt. Nordamerika, Südamerika, Europa, Asien, Afrika und alle Ozeane dazwischen waren auf die eine oder andere Weise involviert.

Die Zahl der Todesopfer in einigen der größeren Länder, die in den Konflikt verwickelt waren, ist erschütternd: In der Sowjetunion kamen 25 Millionen Menschen ums Leben, in China - 15 Millionen, in Deutschland - 8 Millionen und in Polen - 5,5 Millionen. Doch tief in diesen nackten Zahlen verbirgt sich eine besondere Statistik, der die Welt seither mit einem Gefühl der absoluten Scham und Unglauben begegnet. Insgesamt wurden sechs Millionen Juden systematisch ermordet als Teil von Hitlers Masterplan, eine rein arische Rasse zu schaffen und Deutschland wieder zu einer dominierenden Weltmacht zu machen.

Land		Zahl
A. Altreich		131.800
Ostmark		43.700
Ostgebiete		420.000
Generalgouvernement		2.284.000
Bialystok		400.000
Protektorat Böhmen und Mähren		74.200
Estland	- judenfrei -	
Lettland		3.500
Litauen		34.000
Belgien		43.000
Dänemark		5.600
Frankreich /	Besetztes Gebiet	165.000
	Unbesetztes Gebiet	700.000
Griechenland		69.600
Niederlande		160.800
Norwegen		1.300
B. Bulgarien		48.000
England		330.000
Finnland		2.300
Irland		4.000
Italien einschl. Sardinien		58.000
Albanien		200
Kroatien		40.000
Portugal		3.000
Rumänien einschl. Bessarabien		342.000
Schweden		8.000
Schweiz		18.000
Serbien		10.000
Slowakei		88.000
Spanien		6.000
Türkei (europ. Teil)		55.500
Ungarn		742.800
UdSSR		5.000.000
Ukraine	2.994.684	
Weißrußland ausschl. Bialystok	446.484	
Zusammen:	über	11.000.000

Die Wannsee-Liste

In Vorbereitung auf die Wannseekonferenz, die am 20. Januar 1942 in Berlin stattfand, hatte Adolf Eichmann eine Liste erstellt, die die

Anzahl der in Europa lebenden Juden, geordnet nach einzelnen Ländern, zeigte. Die Gesamtzahl am Ende der Liste betrug 11 Millionen. Obwohl er bis 1945 nur 13 Jahre an der Macht war, hat Adolf Hitler es geschafft, mehr als die Hälfte der gesamten jüdischen Bevölkerung Europas auszulöschen.

Es ist unmöglich, Vermutungen darüber anzustellen, wie viele Millionen Familien in jedem Winkel der Erde direkt oder indirekt von dem industriellen Abschlachten menschlichen Lebens während des Zweiten Weltkriegs betroffen waren. Es wäre sicherlich nicht übertrieben zu sagen, dass es heute in weiten Teilen der Welt kaum eine Familie gibt, die nicht irgendeine Art von Verlust, von Not, Angst oder eine Tragödie als Folge des kollektiven Wahnsinns erlitten hat, der zwischen 1939 und 1945 über Europa und die asiatisch-pazifische Region hinwegfegte. Und nirgendwo ist dieser Schmerz stärker zu spüren als in jüdischen Familien. Einem Volk anzugehören, dessen Angehörige systematisch gejagt, verfolgt, gedemütigt, gefoltert und ermordet wurden, und zu versuchen, zu verstehen, warum mehr als die Hälfte der eigenen jüdischen Glaubensbrüder vom Angesicht der Erde getilgt wurde, stellt die Kraft des menschlichen Durchhaltevermögens und den Glauben an das Gute in der Menschheit bis an die absolute Grenze auf die Probe. Das ganze Grauen des Holocausts liegt jenseits des menschlichen Vorstellungsvermögens.

Ruth Böhm war nur eine von Millionen junger jüdischer Frauen, deren Leben durch die satanische Vision eines einzigen Mannes für immer verändert wurde. In vielerlei Hinsicht unterscheidet sich ihre Geschichte nicht von der zahlloser anderer Juden, die gezwungen waren, aus Deutschland zu fliehen und ein neues Leben in einem fremden Land aufzubauen, dessen Kultur, Sprache und Traditionen ihnen völlig fremd waren. Aber Ruth Böhm war meine Mutter, und dieses Buch ist ein Versuch, die Geschichte ihrer Familie zusammenzufügen, ihre Wurzeln von den Anfängen im ländlichen Oberschlesien über die ersten beiden Jahrzehnte des 20. Jahrhunderts bis zum Plebiszit von 1921 nachzuzeichnen.

Unsere Geschichte beschreibt das wirtschaftliche Chaos der späten 1920er Jahre, Hitlers Aufstieg zur Macht 1933 und die Entfremdung, Verfolgung und Ermordung der Juden, die auf den folgenschweren Wannsee-Beschluss folgten, der die "Endlösung" einleitete. In diesem Buch werden wir die völlige Zerstörung und das Gefühl der Hoffnungslosigkeit in den Kriegsjahren erforschen und in den Friedensjahren nach dem Zweiten Weltkrieg das Überleben, die Fortsetzung und die Erneuerung dieser nun verstreuten Familie in Australien, Südamerika, Israel, den Vereinigten Staaten und dem Vereinigten Königreich betrachten.

Meine persönliche Faszination für diese Geschichte begann vor Jahrzehnten, als ich ein Teenager war und in Südwales aufwuchs. Obwohl meine Mutter es vermied, über Deutschland, den Krieg und Hitler zu sprechen, und den Raum immer verließ, wenn im Fernsehen eine Sendung über diese Zeit der deutschen Geschichte lief, erzählte sie manchmal gerne bestimmte Details über ihr früheres Leben in den 1920er Jahren. Sie beschrieb eine idyllische Kindheit in Katscher, einer kleinen Stadt in Oberschlesien mit etwa 8.000 Einwohnern, eingebettet in Wiesen und üppiges Ackerland. Die Stadt ist etwa 30 Autominuten von der viel größeren Stadt Ratibor entfernt und etwa 150 Kilometer südlich von Breslau gelegen. Breslau war die Hauptstadt der preußischen Provinz Schlesien bis 1945, als dieses Gebiet an Polen übergeben wurde. Sie beschrieb, wie die Familie oft über die tschechische Grenze fuhr, die sich ganz in der Nähe von Katscher befand, um einen Tag in Opava (Troppau) einzukaufen. Sie erzählte mir, wie sehr sie ihre Großeltern liebte, dass sie in einem stilvollen Haus am Rande der Stadt wohnten und dass dort alle großen Familientreffen stattfanden. Sie zeichnete das Bild einer wohlhabenden, bürgerlichen Familie mit einem erfolgreichen Konfektionsgeschäft, die es gewohnt war, in großen Häusern mit Dienstmädchen zu leben, sich teure Kleidung und feine Möbel leisten konnte und in der Gemeinde offensichtlich hoch angesehen war.

Allerdings hat Ruth nie wirklich viel über ihr Leben in der Zeit zwischen 1930, als sie und ihre Familie nach Breslau zogen, und

1939, als es ihr gelang, nach Großbritannien zu fliehen, gesprochen. Der Grund dafür wurde erst klar, als ich mitten in den Recherchen für dieses Buch steckte. Nach Aussage meines ältesten Bruders Peter, dem Ruth sich oft zu solchen Themen anvertraut hat, hatte sie oft gesagt, dass ihre idyllische Kindheit im Alter von nur 12 Jahren, also 1930, ein jähes Ende gefunden hatte. In diesem Jahr entwurzelten ihre Eltern die Familie. Sie waren gezwungen, nach Breslau zu ziehen, wo sie in wesentlich bescheideneren Verhältnissen leben sollten als in Katscher. Es ist klar, dass Ruth ihre frühen, prägenden Jahre in einer komfortablen und sicheren Umgebung auf dem Lande, umgeben von einer engen Großfamilie, verbracht hat. All dieses fand ein plötzliches Ende, als ihr Vater, Arthur Böhm, gezwungen war, das Familienunternehmen zu verkaufen, das er von seinem Vater Louis, nachdem dieser in den Ruhestand gegangen war, übernommen hatte.

Meine Mutter schloss oft absichtlich bestimmte entscheidende Details aus, wenn sie über ihr frühes Leben sprach, und konnte sogar ziemlich geheimnisvoll sein. Vielleicht tat sie das, weil es bestimmte Episoden in ihrer Vergangenheit gab, die einfach zu schmerzhaft für sie waren, um darüber zu sprechen, oder vielleicht tat sie es einfach, um ihre Kinder vor Wissen zu schützen, das sich negativ auf ihr Leben auswirken könnte. Ich habe immer ein Gefühl der Traurigkeit über diesen Aspekt ihres Charakters empfunden, und jahrelang habe ich es sehr bedauert, dass ich sie nicht stärker zu mehr Details über ihre Kindheit und Jugend gedrängt habe, denn es gab so vieles, was sie mir erzählte, das einfach keinen Sinn machte. Ich konnte nie ganz verstehen, warum meine Mutter und so viele andere Mitglieder ihrer Familie Deutschland in den 30er Jahren so abrupt verlassen hatten, um in so weit entfernten Ecken der Welt wie Australien, Palästina, Peru und China Zuflucht zu suchen. Der Grund dafür, dass ich das nicht verstehen konnte, war, dass meine Mutter nach dem Krieg die Entscheidung getroffen hatte, ihren Kindern nie zu sagen, dass sie Jüdin war.

Wie viele andere Jugendliche in den 1960er Jahren wusste ich nur sehr wenig über den Holocaust und die schrecklichen Ereignisse, die in Deutschland während der nationalsozialistischen Herrschaft stattgefunden haben. Ich kann mich auch nicht daran erinnern, während meiner Zeit am Gymnasium in Pontypool jemals etwas über diese Periode der deutschen Geschichte gelernt zu haben. Hätte ich als Teenager den wahren Grund gekannt, warum so viele Deutsche gezwungen waren, aus ihrem Land zu fliehen, hätte ich vielleicht zwei und zwei zusammengezählt und wäre natürlich zu dem Schluss gekommen, dass meine Mutter Deutschland verlassen musste, weil sie Jüdin war. Aber sie zog es vor, es uns nicht zu sagen. Deshalb glaube ich nicht, dass es eine Übertreibung wäre zu sagen, dass wir sie nie wirklich verstanden haben. Traurigerweise wurde uns das volle Ausmaß des Traumas und der Not, die sie in den 1930er Jahren in Deutschland und dann während der Kriegsjahre in England ertragen musste, erst nach ihrem Tod im Oktober 1977 offenbart. Kurz nach der Beerdigung unserer Mutter rief mein ältester Bruder Peter uns alle zusammen und verkündete einfach, dass Ruth Jüdin war, was natürlich bedeutete, dass wir auch jüdisch waren. Diese völlig unerwartete Nachricht löste Schweigen aus. Wir standen einfach nur mit offenem Mund und in einem Schockzustand da.

Aber ich für meinen Teil war seitdem immer sehr stolz auf mein deutsch-jüdisches Erbe, denn es ist ein integraler Bestandteil dessen, was ich heute bin. Auch wenn wir es nicht immer gerne zugeben, werden wir oft mehr von der Vergangenheit als von der Gegenwart geprägt. Ein altes Sprichwort der Maori besagt: "Wir sollten uns der Zukunft annähern immer mit einem Rückblick auf die Vergangenheit". Ich glaube, dass ich vom Holocaust unmittelbar betroffen bin, weil ich Teil einer ununterbrochenen Linie bin, die mich direkt mit den Mitgliedern meiner Familie verbindet, die während des Holocausts lebten und in einigen Fällen ums Leben kamen. Verfolgung, Entfremdung, Angst, Demütigung, Gewalt, Verlust von Identität und Heimat sind in das Gewebe meiner Familie eingewoben und können nie ganz ausgelöscht werden.

Als ich 2017 beschloss, den Versuch zu unternehmen, die Geschichte der Familie Böhm zu schreiben, war mir bewusst, dass dies keine leichte Aufgabe sein würde. Seit Hitlers Machtergreifung 1933 waren mehr als 80 Jahre vergangen, sodass die meisten Mitglieder der Familie, die den Holocaust erlebt und überlebt hatten, inzwischen verstorben waren. Obwohl ich Zugang zu einer gewissen Menge an Informationen aus dieser Zeit in Form von Briefen, Fotos, offiziellen Dokumenten und persönlichen Geschichten hatte, kann es keinen Ersatz für mündliche Berichte aus erster Hand geben, und diese fehlten leider. Daher beschloss ich, einfach die Fakten zusammenzustellen, derer ich mir sicher sein konnte, und dann alle Lücken im Bericht bestenfalls mit einer fundierten Vermutung oder schlimmstenfalls mit reinen Spekulationen zu füllen, die auf meinem Verständnis der Hauptfiguren der Geschichte basieren. Mein Hauptziel beim Schreiben dieses Buches, war also zu versuchen, all die verschiedenen faktischen und anekdotischen Informationen zusammenzutragen, die innerhalb der verschiedenen Zweige der Familie Böhm in Australien, Großbritannien und den Vereinigten Staaten existieren. Es stellte sich jedoch unweigerlich heraus, dass ich zwar sehr viele Informationen über bestimmte Familienmitglieder finden konnte, aber nur sehr wenig über einige andere. Mein Hauptziel während des Schreibprozesses war es jedoch, eine einheitliche Erzählung zu schaffen, anstatt zu versuchen, jedes einzelne Ereignis in Bezug auf jedes Familienmitglied aufzuzeichnen. Meine Absicht war es, einfach einen allgemeinen Überblick zu geben, der das Schicksal der Familie in den frühen 1920er und 1930er Jahren in Katscher, Gleiwitz und Breslau durch die Kriegsjahre und in die Nachkriegszeit verfolgt.

Obwohl sich der Ausgangspunkt des Buches in erster Linie auf Louis und Jenni Böhm und ihre sechs Kinder Arthur, Kate, George, Walter, Siegbert und Rudi (d.h. die erste und zweite Generation) konzentriert, werde ich auch auf die dritte Generation der Familie, also Ilse, Ruth, Henry, Edith, Margot, Gary und Steffi, recht ausführlich eingehen (siehe Stammbaum). Es gibt zwei Hauptgründe, dieser Generation große Teile des Buches zu widmen. Erstens sind sie alle sehr jung aus Deutschland geflohen, in der Regel im späten Teenageralter oder Anfang 20, so dass ihre Geschichten besonders ergreifend sind, und zweitens gab es für diese Generation wesentlich mehr dokumentarisches Material als für die früheren Generationen.

Nachdem ich dieses Projekt in Angriff genommen hatte, wurde mir schnell klar, dass ich, wenn ich in der Lage sein sollte, das Buch tatsächlich fertigzustellen, einen Weg finden musste, um ein ziemlich bedeutendes Hindernis zu überwinden. Viele Ereignisse, über die ich berichte, liegen Jahrzehnte zurück, und wie bereits erwähnt, sind praktisch alle Menschen, die die Zeit, über die das Buch handelt, erlebt haben, inzwischen verstorben. Darüber hinaus war die Anzahl der relevanten dokumentarischen Berichte, Fotos und anderen Materialien aus erster Hand, die noch existieren, stark begrenzt. Das führte mich zu der Erkenntnis, dass es unweigerlich erhebliche Lücken in meiner Erzählung geben würde und dass ich daher einen Weg finden musste, diese Lücken zu füllen, ohne in den Bereich der Fiktion abzudriften.

Ich beschloss, einen befreundeten Journalisten zu konsultieren, der mir einen Vorschlag gemacht hat, wie ich eine chronologische Erzählung ohne Lücken und ohne Beeinträchtigung der Wahrhaftigkeit des Gesamtberichts schreiben könnte. Sein Lösungsvorschlag war, einfach auf zeitgenössische Berichte anderer Leute über die fragliche Zeit und die Orte zu verweisen und diese zusätzlichen Details in die Erzählung dieses Buches "einzuweben". Wie bereits erwähnt, zogen meine Mutter und ihre Schwester Ilse 1930 mit ihren Eltern in eine Wohnung in Breslau, wo sie bis kurz vor Kriegsbeginn lebten. Allerdings wissen wir fast nichts über ihr Leben in dieser Zeit. Glücklicherweise konnte ich einen besonders ausführlichen Bericht finden (Willy Cohn: *Keine Gerechtigkeit in Deutschland - die Breslauer Tagebücher 1933-1941*), der den Alltag der bürgerlichen Juden in Breslau in dieser Zeit beschreibt. Dies ermöglichte es mir, mit einem gewissen Grad an Genauigkeit zu spekulieren, was meine Mutter und ihre Familie in diesen "fehlenden" Jahren erlebt haben könnten.

Natürlich sind Spekulation und Wahrheit zwei verschiedene Dinge, aber ich glaube, dass, wenn solche Spekulationen auf faktischen zeitgenössischen Informationen beruhen, die dann dem gegenübergestellt werden, was wir tatsächlich über die Persönlichkeit und das Verhalten der verschiedenen Familienmitglieder wissen, dann können wir vernünftigerweise davon ausgehen, dass unsere "rekonstruierte" Version der Ereignisse nicht allzu weit von der tatsächlichen Wahrheit entfernt ist. Im ersten Teil des Buches war es daher mein primäres Ziel, eine zusammenhängende und, soweit möglich, sachlich korrekte Darstellung der Familie Böhm zu schaffen, die den Zeitraum von vor dem Ersten Weltkrieg bis in die späten 1950er Jahre abdeckt. Ich habe versucht, alle Ereignisse, von denen wir Kenntnis haben, chronologisch aufzuzeichnen, damit die Geschichte besser fließen kann, und wo nötig, habe ich mich einigen vorsichtigen Spekulationen hingegeben, um einige der unvermeidlichen Lücken in meiner Darstellung zu füllen.

Der Schwerpunkt des zweiten Teils besteht darin, einen kurzen Überblick über die Region Oberschlesien zu geben und die schrecklichen Ereignisse zu schildern, die sich 1945, als der Krieg zu Ende ging, in Katscher, Gleiwitz und Breslau abspielten. Alle diese Orte waren zu verschiedenen Zeiten die Heimat der Familie Böhm gewesen, bevor die meisten Mitglieder der Familie das Land verlassen mussten. Dieser Abschnitt des Buches schließt mit einer Bewertung der dramatischen Transformation, die Oberschlesien seit der Angliederung an Polen im Jahr 1945 erfahren hat. Ich glaube, dass dies besonders relevant ist, weil dieses Gebiet die geistige Heimat der Familie Böhm war und bleibt.

Der dritte Teil ist vor allem der Reise gewidmet, die ich mit meiner Tochter Lucy im September 2018 nach Breslau, Katscher, Ratibor und Auschwitz unternommen habe, als Teil der Recherchen, die ich vor Beginn des Buches durchgeführt habe. Meine Tochter Lucy hatte schon immer ein großes Interesse an den Hintergründen der Familie ihrer Großmutter gezeigt. Ich werde auch einen kurzen Bericht über meinen allerersten Besuch in Katscher im Jahr 1996 geben.Wir ließen uns in Breslau (heute Wroclaw, Polen) nieder und verbrachten ein paar Tage damit, diese faszinierende Stadt zu erkunden. Ursprünglich als reine Informationsbeschaffung geplant, entwickelte sich die Woche, die wir in Oberschlesien verbrachten, zu einer emotionalen und bedeutungsvollen Reise in die Vergangenheit, bei der wir nach und nach auf den Spuren der Böhms wandelten. In der Herbstsonne in einem Restaurant am Breslauer Rynek zu sitzen oder vor dem Wohnhaus zu stehen, in dem mein Großonkel George und seine Frau Elfriede einst gelebt hatten, ließ die Geschichte dieser außergewöhnlichen Familie lebendig werden. In Katscher hatten wir das einmalige Privileg, genau in dem Zimmer zu sitzen, in dem meine Urgroßeltern Louis und Jenni Böhm über einen Zeitraum von 50 Jahren so viel erlebt und so viele Familienmitglieder bewirtet hatten. Der Tag, den wir in dem Haus in der Thrömerstraße verbrachten, war für uns beide eine wirklich berührende und einzigartig bewegende Erfahrung.

Obwohl Breslau Anfang 1945 von den Sowjets fast vollständig zerstört wurde, als ihre Truppen die Stadt während ihres Vormarsches nach Westen in Richtung Berlin dem Erdboden gleichmachten, wurde ein großer Teil des Stadtzentrums in seinem früheren Glanz wiederhergestellt und sieht heute sehr stilvoll und international aus, obwohl viele der entlegenen Vororte immer noch ziemlich düster und heruntergekommen wirken und ein deutlich osteuropäisches Gefühl vermitteln. Lucy und ich hatten gehofft, während unseres einwöchigen Aufenthalts in Polen mehrere Dinge zu erreichen. Erstens wollten wir einen Eindruck davon gewinnen, wie das tägliche Leben in der Stadt in den 1930er Jahren ausgesehen haben könnte. Außerdem wollten wir die beiden Bahnhöfe der Stadt besuchen. Der Hauptbahnhof ist von Bedeutung, weil von hier aus meine Mutter und die anderen

Familienmitglieder, die emigrieren konnten, ihre Reise in ein neues Leben in einem anderen Land begonnen hatten. Aber wir wollten auch den Bahnhof Odertor besuchen, dessen Geschichte etwas düsterer ist. Denn von hier aus wurden in den Jahren 1941-1942 mehr als 7.000 Juden, darunter auch meine Großmutter mütterlicherseits, Clara Böhm, in Viehwaggons in die Vernichtungslager in Polen, Deutschland und der Tschechoslowakei deportiert. Schon vor der Abreise nach Polen hatten wir beschlossen, die berühmte Weißstorch-Synagoge in Breslau zu besuchen, die als einzige Synagoge der Stadt die Zerstörung der Kristallnacht im November 1938 überlebte.

Auf dem Programm stand auch ein Besuch des Klosters Grüssau (heute Krzeszow, Polen), das die Deutschen 1941 beschlagnahmten und in ein Durchgangslager für Juden umwandelten, die nach Auschwitz (heute Oswiecim, Polen) und Theresienstadt (heute Terezin, Tschechien) transportiert wurden. Clara Böhm wurde nach ihrer Verhaftung im November 1941 etwa vier Monate lang im Kloster festgehalten, bevor sie, wie wir glauben, nach Theresienstadt deportiert wurde. Dann hofften wir, in den Süden nach Katscher (heute Kietrz, Polen) zu fahren, der Stadt, in der sich Louis und Jenni Böhm, meine Urgroßeltern, erstmals niederließen, ein florierendes Geschäft aufbauten und später ihre sechs Kinder großzogen. Von meinem ersten Besuch im Jahr 1996 wusste ich, dass das Haus, in dem Louis und Jenni gelebt hatten, noch steht und jetzt von einer polnischen Familie bewohnt wird. Glücklicherweise war es mir mit Hilfe des Internets und der sozialen Medien gelungen, mit dieser Familie in Kontakt zu treten. Über einen Zeitraum von etwa sechs Monaten begannen wir nach und nach Informationen über das Haus und seine Geschichte auszutauschen und uns ein Bild davon zu machen, wie der Alltag der Familie Böhm in der Stadt ausgesehen haben könnte. Auf dem Programm stand auch ein Besuch der Nachbarstadt Ratibor (heute Racibórz, Polen), die viel größer ist und etwa acht Kilometer von Katscher entfernt liegt und im Leben der Familie Böhm in den ersten beiden Jahrzehnten des 20. Jahrhunderts eine wichtige Rolle gespielt haben dürfte. Die letzte Station auf unserer Agenda war ein Besuch des Konzentrationslagers Auschwitz/Birkenau, das sich etwa 90 Kilometer östlich von Katscher befindet.

Ich freue mich, berichten zu können, dass es uns gelungen ist, alles zu erreichen, was wir uns in unserem ursprünglichen Plan vorgenommen hatten, aber bevor ich alle Details unserer denkwürdigen Reise nach Oberschlesien erzähle, müssen wir zunächst in das Jahr 1860 zurückgehen, wo die eigentliche Geschichte beginnt.

TEIL I

EINE FAMILIE DIE ZUM ÜBERLEBEN GEBOREN WURDE

DIE ANFÄNGE EINER DYNASTIE

Jenni und Louis Böhm

Mein Urgroßvater Louis Böhm wurde 1860 als Sohn von Salomon Böhm und Charlotte Goldstab in Miechowitz, Beuthen (Bytom), Oberschlesien geboren. Louis' Eltern hatten im August 1852 geheiratet. Das etwa 75 Kilometer östlich von Ratibor gelegene Beuthen war eine recht große Industriestadt, in der 1860 etwa 230.000 Menschen lebten. Die Umgebung war seit dem Mittelalter reich an Bodenschätzen, vor allem an Eisen, Zink und Kohle.

Bereits 1810 gab es hier eine der größten privaten Eisenhütten Deutschlands mit eigenem Kokshochofen. Beuthen war schon immer stark slawisch geprägt, die Mehrheit der Bevölkerung war polnischsprachig. Nach einem starken Bevölkerungswachstum waren 1910 jedoch etwa 60 Prozent der Einwohner deutschsprachig. Louis hatte zwei Brüder, Gustav und Salo, und zwei Schwestern, Jettel und Friederike. Obwohl der Beruf des Vaters lediglich als "Manager" vermerkt ist, konnte nicht festgestellt werden, ob er im Tuchhandel oder in einem anderen Beruf tätig war. Da sich Juden jedoch seit Jahrhunderten zum Tuchhandel hingezogen fühlten, glaube ich, dass Louis mit seiner Berufswahl durchaus in die Fußstapfen seines Vaters getreten sein könnte. Und da wir wissen, dass er sich kurz nach seiner Heirat selbstständig machte, können wir davon ausgehen, dass er eine gewisse Ausbildung in diesem Beruf erhalten hatte, wahrscheinlich von seinem Vater. Im Februar 1884, im Alter von 24 Jahren, heiratete Louis Jenni Berger. Wie zu dieser Zeit in der jüdischen Gemeinde üblich, dürfte es sich um eine arrangierte Ehe gehandelt haben. Aber die beiden passten offensichtlich gut zusammen und sollten eine lange, glückliche Ehe führen.

Jenni Berger wurde 1862 in der Nachbarstadt Ratibor als Tochter von Adolf Berger und Henriette Fröhlich geboren. Sie stammte aus einer großen Familie und hatte vier Schwestern, Rosa, Regina, Ella und Olga, sowie zwei Brüder, Kurt und Simon. Soweit ich herausfinden konnte, war Olga die einzige Schwester, die nie heiratete. Bei meinen Nachforschungen für dieses Buch fand ich heraus, dass Louis zunächst ein kleines Geschäft in Ratibor eröffnet hatte, wahrscheinlich irgendwann in den späten 1800er Jahren, bevor er einen viel größeren Laden in Katscher eröffnete. Da Jenni aus Ratibor stammte, ist es möglich, dass sich das junge Paar zunächst in der Stadt niedergelassen und dort ein Geschäft eröffnet hatte, bevor es später nach Katscher zog. Wir glauben, dass das Geschäft in Katscher recht groß war und in seiner Blütezeit wahrscheinlich zwischen acht und zehn Personen beschäftigte.

Luftaufnahme von Katscher um 1930

Das Geschäft Böhm schien sich hauptsächlich mit dem Verkauf von Herren- und Damenkleidung, Stoffen und Wäsche beschäftigt zu haben. Eine Zeitungsanzeige aus dieser Zeit bestätigt, dass Louis' Geschäft tatsächlich ursprünglich in Ratibor angesiedelt war und dass er daran interessiert war, "Gänsefedern guter Qualität" (pierze gęsie) zu kaufen. Da sie sehr weich waren und keine Federkiele hatten, wurden Gänsefedern häufig für das Daunenfutter von Jacken verwendet.

Zeitungsanzeige, Ratibor

Interessanterweise wurde diese Anzeige in polnischer Sprache veröffentlicht, was die Tatsache widerspiegelt, dass es in dieser Region eine große polnische Bevölkerung gab, und es ist fast sicher, dass Louis sowohl Deutsch als auch Polnisch sprach, wie die meisten Menschen, die zu dieser Zeit in diesem Teil Schlesiens lebten. Diese Anzeige würde auch die Theorie stützen, dass Louis an einer kleinen Produktion beteiligt gewesen sein könnte. Auch wenn er selbst keine Kleidung herstellte, so ist doch gut dokumentiert, dass in Katscher viele selbständige Schneider lebten, von denen einige zweifellos ihre Dienste an örtliche Einzelhandelsgeschäfte weitervergeben haben dürften. Ein weiterer Grund für Louis und Jenni, sich in Katscher niederzulassen, war die lange Tradition der Weberei und Färberei in der Stadt. Diese Industrien hätten dem Geschäft der Böhms eine zuverlässige lokale Quelle für Stoffe und fertige Webwaren geboten. In einer kurzen Erinnerung, die Ruth Böhm kurz vor ihrem Tod schrieb, beschreibt sie das Geschäft ihres Großvaters als "den größten Damen- und Herrenausstatter in der Stadt" und fügt hinzu, dass das Geschäft sehr erfolgreich war und dass der Laden immer voll von Kunden war.

Das Geschäft der Böhms in Katscher

Louis und Jenni wollten nicht nur ihr erfolgreiches Tuchgeschäft aufbauen, sondern auch so schnell wie möglich eine Familie gründen. Über einen Zeitraum von 13 Jahren, beginnend im Jahr 1885, brachte Jenni sechs Kinder zur Welt - fünf Jungen und ein Mädchen. Während dies nach heutigen Maßstäben eine große

Familie zu sein scheint, war es für die späten 1800er Jahre wahrscheinlich völlig normal. Viele Kinder starben damals bei der Geburt, so dass eine große Anzahl von Kindern als der beste Weg angesehen wurde, um sicherzustellen, dass Eltern den Wunsch einer Grossfamilie erfüllen konnten. Arthur war der Älteste und wurde im Dezember 1885 geboren. George wurde drei Jahre später, 1888, geboren, gefolgt von Siegbert 1889, Walter 1893, Kate 1895 und Rudi, der Jüngste, wurde im November 1898 geboren. Obwohl zum Zeitpunkt der Niederschrift dieses Buches noch nicht bewiesen, wird jetzt angenommen, dass Rudi als kleines Kind im Alter von etwa sieben Jahren starb, wahrscheinlich an den Folgen von Scharlach, der zu dieser Zeit weit verbreitet war. Die Tatsache, dass er auf keinem einzigen Familienfoto auftaucht und dass es in keinem der Briefe zwischen den anderen Brüdern und Louis und Jenni einen Hinweis auf ihn gibt, scheint stark darauf hinzudeuten, dass er früh in seinem Leben gestorben sein muss. Es gibt ein Gerücht innerhalb der Familie, das von Generation zu Generation weitergegeben wurde, dass Jenni über den Verlust ihres jüngsten Kindes untröstlich war und nie ganz darüber hinwegkam. Ich habe kürzlich eine Suche nach seiner Sterbeurkunde in Auftrag gegeben, aber solange kein offizielles Dokument auftaucht, das eindeutig beweist, dass er als Kind gestorben ist, ist das Einzige, was wir mit Sicherheit sagen können, dass er am 14. November 1898 in Katscher geboren wurde.

Obwohl wenig über das frühe Leben der Kinder in Katscher bekannt ist, können wir davon ausgehen, dass sie nach starken schlesischen und jüdischen Traditionen erzogen wurden und dass sie ein komfortables Leben in einem stabilen familiären Umfeld hatten. Offizielle Aufzeichnungen zeigen, dass im Jahr 1910 nur 52 Juden in Katscher lebten. Die Stadt war immer überwiegend katholisch gewesen, so dass die jüdische Bevölkerung, obwohl gut integriert, immer eine kleine Minderheit darstellte und selbst in der Blütezeit Anfang des 19. Jahrhunderts nie mehr als 200 Menschen überschritt. In Ruths kurzem Bericht über ihr frühes Leben in Katscher bemerkt sie, dass, obwohl die Familie nicht übermäßig religiös war, von ihren Mitgliedern erwartet wurde, dass sie regelmäßig die kleine Synagoge besuchten, die es in der Stadt gab. Louis ging sicherlich selbst regelmäßig hin und bestand anscheinend an Jom Kippur immer darauf, seine übliche Tasse Kaffee zu trinken, bevor er den Tag in der Synagoge verbrachte. Frühe Fotografien legen nahe, dass Louis die "Villa" in der Thrömerstraße Nr. 3 wahrscheinlich in den späten 1880er Jahren kaufte, kurz nachdem er geheiratet und das Familienunternehmen gegründet hatte. Für die damalige Zeit war dies ein sehr stilvolles Haus, das in einer der besten Straßen am Rande des Katschers lag.

Marktplatz Katscher 1920er Jahre

Das Haus hatte einen sehr großen Garten mit einer eleganten Gartenlaube, und die Innenausstattung bestand aus vielen hochwertigen Hölzern, teuren Möbeln und stilvollen Gesimsen. Wir können, denke ich, davon ausgehen, dass alle fünf Kinder, als sie aufwuchsen, sowohl zu Hause als auch im Familienbetrieb mithelfen mussten, während sie die örtliche Schule in Katscher besuchten. Das Haus war zu dieser Zeit voll ausgelastet, denn Jennis alternde Mutter, Henriette Fröhlich, lebte noch viele Jahre in der Dachkammer, bevor sie im Januar 1916 starb.

Wieder zu Hause nach dem Krieg 1918 (von links nach rechts) Walter, Kate, unbekannt, Siegbert, George, Louis, Jenni, Arthur

Louis & Jennis Haus in der Thrömerstraße um 1935

Doch die Situation sollte sich dramatisch ändern, als alle vier Jungen 1914 zur Armee eingezogen und an die Front geschickt wurden, um im Großen Krieg zu kämpfen. So stellten Louis und Jenni 1915 Anna Jaschke als Haushälterin/Köchin ein. Ihre Aufgabe war es, den Haushalt zu führen, während Louis und Jenni das Geschäft leiteten.

Anna erwies sich als äußerst loyale Mitarbeiterin und blieb mehr als 25 Jahre lang bei der Familie. Wie durch ein Wunder überlebten alle vier Söhne den Krieg. Arthur, der Sanitäter gewesen war, wurde sogar mit dem Deutschen Eisernen Kreuz ausgezeichnet, nachdem er 1916 in der Schlacht von Verdun schwer verwundet wurde, als er einen verwundeten Soldaten aus der Schusslinie rettete. Er wurde von einem Schrapnell im Gesicht getroffen und erlitt eine schwere Verletzung, die sein Gesicht für den Rest seines Lebens schwer entstellt ließ. Sein Bruder George wurde ebenfalls mit dem Eisernen Kreuz für Tapferkeit ausgezeichnet. Ruth erinnert sich, dass Arthur irgendwann um 1928 an einem "Schock" erkrankt war, als Folge seiner Erlebnisse während des Ersten Weltkriegs. Was sie beschrieb, war zweifellos eine Art von PTSD (Posttraumatisches Stresssyndrom), aber sie sagt auch, dass er sich nach einer Operation einige Zeit später zu erholen schien. Es ist gut möglich, dass er sich einer Art rekonstruktiver Operation unterzog, um das Aussehen seiner linken Gesichtshälfte zu verbessern, die als Folge seiner Verletzungen stark entstellt war. Als ältester Sohn war Arthur auch der erste, der heiratete, wahrscheinlich im Jahr 1911. Auch hier war es wahrscheinlich eine arrangierte Ehe mit Clara Heymann, die im November 1891 in Rutenau geboren wurde, einer Stadt, die vor 1935 unter dem polnischen Namen Chróścice bekannt war. Nach dem Ende des Zweiten Weltkriegs und der Übergabe dieses Teils Deutschlands an Polen erhielt Rutenau wieder seinen alten Namen.

Clara stammte aus einer äußerst wohlhabenden, wahrscheinlich aristokratischen Familie. Laut meiner Mutter war sie intelligent, kultiviert, sehr belesen und hatte ein großes Interesse an allen Künsten, besonders an Musik, und war allem Anschein nach eine hervorragende Pianistin. Sie hatte eine Schwester, Erna, und einen Bruder, Friedrich. Tragischerweise kamen sowohl Friedrich als auch seine Frau Frida (geborene Wachsmann) später in Auschwitz ums Leben.

Clara Heymann

Die Ehe zwischen Arthur und Clara scheint von Anfang an nicht zusammengepasst zu haben. In Claras späteren Briefen lassen anekdotische Belege und verschiedene Hinweise vermuten, dass die beiden keineswegs eine glückliche Verbindung eingegangen sind. Meiner Mutter zufolge war Arthur offenbar ein sehr eitler Mann, der immer ein Auge auf andere Frauen zu haben schien und seine eigenen Bedürfnisse häufig über die seiner Frau oder Familie stellte. Ruth erzählte mir oft, dass er gerne Geld für Autos und schicke Kleidung ausgab und dass sie sich lebhaft an häufige Ausflüge über die Grenze in die Tschechoslowakei erinnert, wo das Auto mit Zigaretten, feinem Essen und anderen Waren beladen wurde, die zu dieser Zeit wesentlich billiger gewesen sein müssen als in Deutschland. Nach allem, was man hört, konnte Clara oft ziemlich feurig sein, und es gab viele Auseinandersetzungen zwischen ihr und Arthur, obwohl nicht bekannt ist, worum es bei ihren Meinungsverschiedenheiten ging oder ob sie sie lösen konnten.

Ilse wurde im April 1913 geboren, und fünf Jahre später, im Februar 1918, kam Ruth zur Welt. Ein Grund für die lange Zeitspanne zwischen den Geburten der beiden Töchter war zweifellos die Tatsache, dass Arthur an der Front kämpfte, obwohl er höchstwahrscheinlich aufgrund seiner Verwundung frühzeitig aus der Armee entlassen wurde. Es könnte sein, dass Arthur aufgrund seiner schrecklichen Erlebnisse an der Front als ein veränderter Mann aus dem Krieg zurückgekehrt war, wie Tausende anderer Veteranen. Wir können uns vorstellen, dass es für jemanden, der so eitel auf sein Äußeres bedacht war, äußerst schwierig gewesen sein muss, sich damit abzufinden, so schwer entstellt zu sein. Obwohl dies sein egoistisches Verhalten in keiner Weise entschuldigen kann, könnte es helfen zu erklären, warum sich ihre Ehe nach 1918 offenbar weiter verschlechterte.

Villa Böhm

In ihren letzten Briefen spricht Clara oft sehr abfällig sowohl über ihren Mann als auch über die Familie Böhm im Allgemeinen. Da sie aus einem großbürgerlichen Milieu stammte, glaube ich, dass sie auf ihre Schwiegereltern eher herabblickte und sie als nichts weiter als eine Familie von Ladenbesitzern betrachtete. Bezeichnend finde ich jedoch, dass die einzige Person, die sie wirklich zu mögen und zu respektieren schien, George war, der interessanterweise der Einzige war, der eine Universitätsausbildung erhalten hatte und einen anerkannten Beruf (Zahnmedizin) ergriff.

Ruth erzählte mir oft, dass sie sehr glücklich war, als sie in Katscher aufwuchs und schon früh erkannte, dass sie zu einer wohlhabenden Familie gehörte. 1924 kaufte Arthur mit Hilfe einer beträchtlichen Hypothek von der Bank eine der prächtigsten Villen der Stadt (siehe oben) und stellte in der Folge zwei Dienstmädchen und ein Kindermädchen ein, die mehrere Jahre bei der Familie blieben und die meine Mutter sehr lieb gewann. Obwohl das Haus heute nicht mehr existiert, war es eines der größten Häuser im Stadtzentrum und gehörte zuvor dem ehemaligen Bürgermeister von Katscher, Eugen Kodron, der 1901 sein Amt antrat. Volkszählungsunterlagen aus dem Jahr 1928 bestätigen, dass das Haus in der Promenadenstraße damals Arthur Böhm gehörte und viele Jahre lang im Volksmund immer als "Villa Böhm" oder "Villa Kodron" bezeichnet wurde. Ich bin mir sicher, dass Arthur sich gefreut hätte und stolz gewesen wäre, ein Haus mit einer solch beeindruckenden Provenienz zu besitzen. Nach dem Ende des Krieges stand das Haus viele Jahre lang leer, bevor es Anfang der 1960er Jahre endgültig abgerissen wurde. Ruth sagte, dass ihre Eltern gut zu ihr waren, dass sie aber nicht viel von ihnen sah, da es scheint, dass das Kindermädchen hauptsächlich für die Erziehung der beiden Mädchen verantwortlich war. Ruth genoss anscheinend ihre Schulzeit, wurde aber unglücklich, als man ihr sagte, dass sie nicht wie ihre anderen Schulfreunde in die Kirche gehen könne. Als sie sich bei ihren Eltern darüber beschwerte, sagten diese ihr, dass sie Jüdin sei und sich einer Ausbildung in jüdischen Lehren unterziehen und anfangen müsse, die Synagoge zu besuchen.

Arthur war gern in der Natur und hatte eine Leidenschaft für Sport, besonders für Schwimmen und Autorennen. Als Ruth älter wurde, begann sie schnell, seine Leidenschaft für das Wasser zu teilen. Aber sie genoss es auch, einfach nur auf dem Boden des Salons zu sitzen und ihrer Mutter beim Singen und Spielen von Walzern von Franz Lehar und Strauss zuzuhören. In den kurzen Memoiren, die sie über ihr frühes Leben schrieb, heißt es, dass Clara ein hitziges Temperament hatte, so dass es, wie bereits erwähnt, sicherlich einige Konflikte im Haushalt gegeben haben muss. Sie liebte ihren Großvater Louis über alles und beschreibt ihn als einen "Friedensstifter", der nie hochnäsig war und sich immer die Zeit nahm, jedem zu helfen, der seinen Rat oder seine Hilfe brauchte. Sie sagt, dass Louis in Katscher sehr angesehen war, sehr beliebt war und dass die Leute immer gern zu Besuch kamen.

Familienfoto um 1926 Von links nach rechts, vordere Reihe: Margot, Gary, Jenni, Steffi, Louis, Ruth, Henry Hintere Reihe: Clara, Elfriede, Friedrich Heymann (Claras Bruder), George, Siegbert, Ilse, Edith, Arthur, Walter, Margarete

Offenbar hatte Arthur, wie sein Bruder Siegbert, ursprünglich eine Ausbildung zum Schneider gemacht, und obwohl er seinem Vater nach dem Krieg weiterhin im Familienbetrieb half, war er für die kommerzielle Welt nicht geeignet, da seine große Liebe eher der Landwirtschaft als dem Einzelhandel gegolten zu haben scheint. Sein schlechtes kaufmännisches Gespür hatte später schlimme Folgen für das florierende Geschäft, das Louis und Jenni so hart aufgebaut hatten.

Elfriede Koslowsky

Im April 1912 heiratete Arthurs jüngerer Bruder George die damals erst 19-jährige Elfriede Koslowsky, die aus dem Nachbarort Bauerwitz (Leobschütz) stammte. Nur 12 Monate später brachte sie ihr erstes Kind Edith in Gleiwitz zur Welt, wo George noch in der Ausbildung zum Zahnarzt war. Wiederum kriegsbedingt kam das zweite Kind Henry erst im Oktober 1920 zur Welt. Im Gegensatz zu seinen Brüdern, die in Katscher geblieben waren, hatten George und Elfriede beschlossen, sich in Gleiwitz niederzulassen, einer Stadt, die etwa 55 km von Katscher entfernt lag. Mit über 100.000 Einwohnern in den 1920er Jahren ist Gleiwitz eine sehr alte Stadt, die bis ins Jahr 1276 zurückreicht, und war wesentlich größer und weltoffener als Katscher. Es gab sogar einen eigenen Flughafen und obwohl es dort viel Industrie gab, hatte Gleiwitz ein sehr stilvolles und mondänes Stadtzentrum mit vielen eleganten Straßen und Boulevards, Schwimmbädern, einem Schloss und umfangreichen Freizeiteinrichtungen. Es ist nicht schwer zu verstehen, warum George und Elfriede sich lieber in diesem pulsierenden, kommerziellen Zentrum ein Leben aufbauen wollten, als in einer verschlafenen ländlichen Gegend wie Katscher. Außerdem muss George erkannt haben, dass dies ein viel besserer Ort sein würde, um eine Zahnarztpraxis zu eröffnen, nachdem er seine Ausbildung beendet hatte. Die Familie genoss ein sehr komfortables Leben in Gleiwitz. Sie waren finanziell gut gestellt, wohnten in einem großen Haus, machten häufig Skiurlaub in der Schweiz und hatten sogar einen eigenen Chauffeur. George und Elfriede hatten auch einen großen Schrebergarten in der Stadt, in dem sie viele Wochenenden damit verbrachten, ihr eigenes Gemüse anzubauen.

Walter Böhm war fünf Jahre jünger als sein Bruder George, und obwohl es während meiner Nachforschungen nicht möglich war, genau festzustellen, wann er Margarete Berger heiratete, kann man davon ausgehen, dass die Hochzeit irgendwann im Zeitraum 1920-1922 stattfand, als er etwa 27 Jahre alt gewesen wäre. Ihre erste Tochter Gerda wurde 1924 geboren, aber leider erreichte sie noch nicht einmal ihren sechsten Geburtstag, und obwohl die Ursache ihres Todes unbekannt ist, können wir annehmen, dass auch sie an einer der vielen Kinderkrankheiten starb, die zu dieser Zeit weit verbreitet waren. Für die zweite Tochter von Walter und Margarete, Margot, konnte keine Geburtsurkunde gefunden werden, aber sie wurde wahrscheinlich irgendwann zwischen 1926 und 1931 geboren.

Kate war zwei Jahre jünger als ihr Bruder Walter, und es ist interessant, dass ihr zukünftiger Ehemann, Henry Schweiger, tatsächlich in Beuthen geboren wurde, der gleichen Stadt, aus der auch die Familie von Louis stammte. Seine Eltern waren Fedor Schweiger und Sara Perls. Könnte es sein, dass auch die Ehe von Kate und Henry arrangiert war, denn es ist mehr als wahrscheinlich, dass sich die beiden Familien kannten? Es ist nicht klar, wann sie geheiratet haben, aber ihr erstes Kind Gary wurde 1921 in Tarnowitz, Oberschlesien, geboren. Da es oft der Fall war, dass frisch verheiratete Paare ihr erstes Kind ein oder zwei Jahre nach der Hochzeit bekamen, können wir annehmen, dass Henry und Kate irgendwann um 1919 geheiratet haben. Tarnowitz, wo sich das junge Paar niederließ und eine eigene Schuhmacherei gründete, war eine mondäne Stadt mit etwa 86.000 Einwohnern. Auch hier ist nicht klar, warum sie die Entscheidung trafen, Katscher zu verlassen und in eine größere und zweifellos lebendigere Stadt zu ziehen, aber Louis könnte ihnen geholfen haben, sich dort niederzulassen, weil Tarnowitz im Wesentlichen ein Vorort von Beuthen war, wo Louis' Familie lebte und wo er selbst geboren und aufgewachsen war.

Kate und Henry Schweiger

Ihr zweites Kind, eine Tochter, Steffi, wurde 1924 geboren. Trotz des wohl vielversprechenden Starts in das Eheleben sollte das junge Paar schon früh in seiner Ehe eine sehr turbulente Zeit erleben, bedingt durch das sich rasch ändernde politische Klima und die erheblichen Unruhen, die in diesem Teil Schlesiens ausgebrochen waren.

Die Volksabstimmung in Oberschlesien war eine durch den Versailler Vertrag angeordnete Volksabstimmung, die am 20. März 1921 durchgeführt wurde, um einen Abschnitt der Grenze zwischen dem Weimarer Deutschland und Polen zu bestimmen. Tatsächlich wurde Henry nur vier Tage nach der Volksabstimmung geboren. Unter der vorherigen Herrschaft des Deutschen Reiches waren die Polen nach eigenen Angaben zunehmend diskriminiert worden und fühlten sich als Bürger zweiter Klasse. Die Zeit der Volksabstimmungskampagne und der alliierten Besatzung war in der gesamten Region von einem hohen Maß an Gewalt geprägt. In der Tat kam es zu drei separaten polnischen Aufständen, und deutsche freiwillige paramilitärische Einheiten wurden in das Gebiet geschickt, um zu versuchen, die Ordnung wiederherzustellen. Die Alliierten planten eine Teilung der Region, aber ein polnischer Aufstand übernahm die Kontrolle über mehr als die Hälfte des Gebietes.

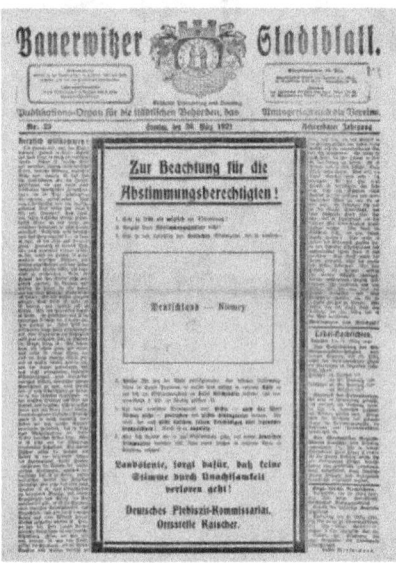

Plebiszit-Anzeige 1921

Die Deutschen antworteten mit freiwilligen paramilitärischen Einheiten aus ganz Deutschland, um gegen die polnischen Einheiten zu kämpfen. Am Ende, nach einem erneuten militärischen Eingreifen der Alliierten, war die endgültige Position der gegnerischen Kräfte ungefähr dort, wo die neue Grenze liegen würde. Die endgültige Entscheidung wurde dann dem Völkerbund übergeben, der die neue Grenze bestätigte, und Polen erhielt flächenmäßig etwa ein Drittel des Plebiszitsgebietes, darunter den größten Teil des Industriegebietes. Die Bevölkerung von Tarnowitz bestand zu ca. 60 Prozent aus Polen, der Rest aus Deutschen. Das Ergebnis des Plebiszits war jedoch, dass 61 Prozent der Menschen dafür stimmten, dass die Region ein Teil Deutschlands bleiben sollte, während 38 Prozent dafür stimmten, dass sie ein Teil Polens werden sollte.

Die endgültige Entscheidung über die Teilung des Gebietes wurde auf einer Botschafterkonferenz in Paris getroffen. Das deutsch-polnische Abkommen über Ostschlesien (Genfer Konvention), ein Minderheitenvertrag, der die verfassungsrechtliche und rechtliche Zukunft regelte, wurde schließlich am 15. Mai 1922 ratifiziert. Nach der Ratifizierung des Vertrages wurde das Leben für viele der in diesem Gebiet lebenden Deutschen schnell immer schwieriger, da die Mehrheit der Polen nun alle Deutschen zum sofortigen Verlassen des Gebietes aufforderte. Es ist nicht bekannt, wann diese Feindseligkeit unter den einheimischen Polen, die in diesem Gebiet lebten, in Gewalt umschlug, aber irgendwann später wurde das Schuhgeschäft der Schweigers geplündert und bis auf die Grundmauern niedergebrannt und da die Familie nun praktisch obdachlos war, war die einzige Möglichkeit, nach Katscher zurückzukehren und zu Louis und Jenni zu ziehen.

Wir wissen jedoch, dass sie irgendwann gegen Ende 1923 oder Anfang 1924 nach Tarnowitz zurückkehrten, vielleicht in dem Glauben, dass sich die Situation bis dahin verbessert hatte. Sie konnten anscheinend gerade lange genug bleiben, damit Kate ihre Tochter Steffi, die 1924 geboren wurde, zur Welt bringen konnte, bevor sie erneut aus der Stadt vertrieben wurden und nach Katscher zurückzukehren.

DER AUFKOMMENDE STURM

Im Jahr 1925 wurde Louis 65 und beschloss, dass es für ihn an der Zeit war, sich zur Ruhe zu setzen und das Geschäft an ein anderes Familienmitglied zu übergeben. Es ist nicht klar, warum er sich für Arthur entschied. Es könnte einfach daran gelegen haben, dass er der älteste Sohn war. Zu dieser Zeit war George bereits als Zahnarzt in Gleiwitz etabliert und schien kein Interesse an der Leitung des Familiengeschäfts zu haben.

Aber Arthur war vielleicht nicht der einzige Anwärter für den Job. Es ist offensichtlich, dass George nach seiner Ausbildung zum Zahnarzt kein Interesse daran gehabt hätte, in die Fußstapfen seines Vaters zu treten und ein Bekleidungsgeschäft zu führen. Walter jedoch, der 8 Jahre jünger war als Arthur, teilte sicherlich die Leidenschaft seines Vaters für das Tuchgeschäft und hatte eindeutig den Ehrgeiz, sein eigenes Geschäft zu führen. Eine Zeitungsanzeige aus dem Jahr 1922 scheint zu bestätigen, dass Walter um diese Zeit ein Damenmodengeschäft im nahe gelegenen Leobschütz führte. Wir wissen nicht, warum er sich selbständig gemacht hat, anstatt in der Firma Böhm zu arbeiten, aber es könnte einfach daran gelegen haben, dass er sein eigener Chef sein wollte.

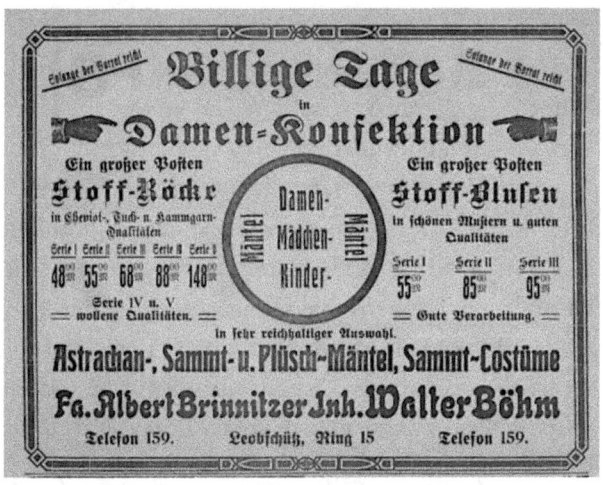

Anzeige in Leobschützer Volkszeitung, Oktober 1922

Ich glaube, dass Arthur mit einem gewissen Widerwillen schließlich die Kontrolle über das Geschäft übernahm. Seine erste Liebe scheint jedoch die Landwirtschaft und das Landleben gewesen zu sein. Allem Anschein nach war er nie besonders geschickt im Umgang mit Geld gewesen. Dies war zweifellos einer der Gründe für den raschen Niedergang des Unternehmens zwischen 1925 und 1930. Arthurs mangelnder Geschäftssinn war jedoch nicht der einzige Grund, warum das Böhmsche Geschäft letztlich scheiterte, denn es zeichnete sich auch eine katastrophale globale Finanzkrise ab.

Die Große Depression war ein weltweiter Wirtschaftseinbruch, der im Herbst 1929 ausbrach und zehn Jahre andauerte. Anfangs war es eine rein amerikanische Krise, ein riesiger Börsenkrach, der jedoch Auswirkungen auf die ganze Welt haben sollte. In Deutschland war die Weltwirtschaftskrise am stärksten zu spüren. Sie verursachte weit verbreitete Arbeitslosigkeit, Hunger und Elend. Diese Zeit der Not trug letztlich zum Aufstieg Adolf Hitlers und der Nationalsozialisten (NSDAP) bei. Die Auswirkungen auf das Weimarer Deutschland waren besonders gravierend. Deutschland war nicht so sehr auf den Export angewiesen, sondern auf die amerikanischen Kredite, die seit 1924 die Weimarer Wirtschaft stützten. Ab Herbst 1929 wurden keine weiteren Kredite mehr vergeben, und die amerikanischen Geldgeber begannen, alle bestehenden Kredite zu kündigen. Trotz ihres rasanten Wachstums konnte die deutsche Wirtschaft diesen plötzlichen Abzug von Bargeld und Kapital nicht verkraften, und die Banken hatten Mühe, Geld und Kredite bereitzustellen. Im Jahr 1931 führte die Hyperinflation zu einem Ansturm auf deutsche und österreichische Banken. Das führte dazu, dass viele ihr Geschäft aufgeben mussten. Brünings Deflationspolitik der frühen 1930er Jahre scheint die Situation nur noch verschlimmert zu haben.

1930 erließen die Vereinigten Staaten, die zu diesem Zeitpunkt der größte Abnehmer deutscher Industrieexporte waren, Zollschranken, um ihre eigenen Unternehmen zu schützen. Die deutschen Industriellen verloren den Zugang zu den US-Märkten und bekamen kaum noch Kredite. Viele Industrieunternehmen waren gezwungen, ihre Fabriken ganz zu schließen oder drastisch zu verkleinern. Im Jahr 1932 lag die deutsche Industrieproduktion bei 58 Prozent des Niveaus von 1928. Eine Folge dieses Rückgangs war die steigende Arbeitslosigkeit, aber die Auswirkungen auf die deutsche Gesellschaft als Ganzes waren verheerend. Ende 1929 waren rund 1,5 Millionen Deutsche ohne Arbeit. Innerhalb eines Jahres hatte sich diese Zahl mehr als verdoppelt. Bis Anfang 1933 erreichte die Arbeitslosigkeit in Deutschland sechs Millionen, mehr als ein Drittel der gesamten arbeitenden Bevölkerung. Obwohl es nur wenige Engpässe bei der Versorgung mit Lebensmitteln gab, waren Millionen Menschen ohne die Möglichkeit, sich diese zu beschaffen. Am schlimmsten litten Kinder, die zu Tausenden an Unterernährung und hungerbedingten Krankheiten starben. Millionen von Industriearbeitern, die während des "Goldenen Weimarer Zeitalters" zu den bestbezahlten Arbeitern Europas gehörten, waren über ein Jahr lang arbeitslos.

Irgendwann im Jahr 1930 ging die Firma Böhm in Katscher entweder in Konkurs oder wurde verkauft - wahrscheinlich zu einem Spottpreis. Sie wurde anschließend von Max Cohn erworben, einem jüdischen Geschäftsmann, der auch ein Freund der Familie war. Eine frühe Fotografie von Katscher scheint zu bestätigen, dass Max Cohn vor der Übernahme von Louis' Geschäft tatsächlich ein kleineres Geschäft am Marktplatz geführt hat. Soweit wir wissen, lief das Geschäft der Cohns in den 1930er Jahren weiter. 1942 wurde Max Cohn jedoch verhaftet und nach Auschwitz deportiert, wo er starb. Arthur und Clara wurden von der Bank gezwungen, ihre große Villa in Katscher zu verkaufen. Sie beschlossen daraufhin, in das etwa 160 Kilometer nördlich gelegene Breslau zu ziehen.

Breslau war zu dieser Zeit eine der größten Städte Deutschlands mit einer Bevölkerung von 625.000 Menschen im Jahr 1930, von denen 20.000 jüdisch waren. Es ist nicht klar, warum sie Breslau wählten, da es in der Nähe eine Reihe anderer großer Städte gab, darunter Gleiwitz und Oppeln. Vielleicht glaubte Arthur, dass seine Aussichten auf Beschäftigung in einer so großen Stadt besser sein würden. Zusammen mit ihren beiden Töchtern zogen Arthur und Clara in eine Wohnung in der Kronprinzenstraße Nr. 11, einer der vornehmeren Straßen in Breslau.

Kronprinzenstraße Breslau

Obwohl es nicht klar ist, wie die Familie in dieser Zeit finanziell über die Runden kam, wird in der Volkszählung von 1935 Arthurs

Beruf als "Handelsvertreter" angegeben. Das erscheint sinnvoll, da sein Verkaufstalent wahrscheinlich eine der wenigen Fähigkeiten war, die er zu dieser Zeit besaß.

Im Jahr 1935 führte Hitler eine Reihe neuer Rassengesetze ein. Das legte die zunehmenden Entschlossenheit der Nazis zutage, die Juden vollständig zu ächten. Mischehen waren nicht mehr erlaubt, jüdischen Familien war es untersagt, "deutschblütige" Dienstmädchen unter 45 Jahren zu beschäftigen. Juden sollten fortan als bloße Untertanen des Staates betrachtet werden. Außerdem wurden viele der jüdischen Gaststätten in Breslau entweder liquidiert oder wegen angeblicher "Unsauberkeit" zwangsweise geschlossen. Viele ältere Juden, die wegen "Sittenvergehen" verhaftet worden waren, nahmen sich lieber das Leben, als die Konsequenzen zu tragen.

Am 24. März 1934 versammelte sich die ganze Familie Böhm im Wohnzimmer der Villa in der Thrömerstraße, um die goldene Hochzeit von Louis und Jenni zu feiern und posierte sogar für ein Erinnerungsfoto vor dem Pavillon im Garten (siehe unten). Es sollte die letzte Gelegenheit sein, bei der die ganze Familie zusammenkam. Hitler war bereits seit einem Jahr an der Macht, und viele Juden in ganz Deutschland begannen zu erkennen, dass das Leben für sie immer schwieriger werden würde. Allerdings genossen Juden in den meisten Teilen Oberschlesiens, einem Gebiet, das 1933 etwa 1,5 Millionen Menschen und 10.000 Juden umfasste, gemäß der Garantie des Völkerbundsvertrags einen besonderen Minderheitenschutz, der die Diskriminierung durch die Nazis aufgrund der Religion ausschloss.

Louis und Jennis Goldene Hochzeitsfeier 24. März 1934
Vordere Reihe (von links nach rechts): Ella Wolf (Berger), Regina Weissenberg (Berger), Henry Böhm, Jenni Böhm, Louis Böhm, Rosa Rosenthal (Berger), Margarete Böhm, Gary Schweiger **Zweite Reihe (von links nach rechts):** Kate Schweiger, Siegbert Böhm, Steffi Schweiger, Ruth Böhm, Edith Böhm, Margot Böhm, Henry Schweiger, Arthur Böhm, Clara Böhm (Heymann) **Dritte Reihe (von links nach rechts):** Anna Jaschke, Elfriede Böhm, Olga Berger, Ilse Böhm, Kurt Berger, Salo Rosenthal **Vierte Reihe (von links nach rechts):** George Böhm, Simon Berger **Hintere Reihe (von links nach rechts):** Eric Wolf, Max Lustig, Walter Böhm

Man kann also mit Fug und Recht behaupten, dass die vom Völkerbund durchgesetzte Begrenzung des Antisemitismus in dieser östlichen Ecke des Reiches so etwas wie ein Unfall der Geschichte war und tatsächlich eine Folge eines polnisch-deutschen Vertrages, der nach dem Ersten Weltkrieg unterzeichnet worden war. Als Folge dieses Phänomens war das Leben der Juden in Oberschlesien nach dem Aufstieg Hitlers jedoch viel geschützter und komfortabler als das der Juden in anderen Teilen Deutschlands. Diese Situation sollte bis zum dramatischen Wendepunkt, der durch die Kristallnacht im November 1938 markiert wurde, weitgehend unverändert bleiben. Der Hochzeitstag war zweifellos ein glücklicher Anlass für alle Anwesenden, besonders aber für Louis und Jenni, die nichts mehr liebten, als die ganze Familie in ihrem Haus zu unterhalten.

Es gibt ein paar sehr interessante Beobachtungen, die aus dem obigen Foto gemacht werden können. Wir wissen, dass Ilse Böhm das erste Mitglied der Familie war, das Deutschland verließ. Obwohl wir nicht sicher sein können, wann genau sie von Katscher wegzog, scheinen anekdotische Informationen innerhalb der Familie darauf hinzudeuten, dass sie tatsächlich gegangen war, bevor Hitler 1933 an die Macht kam. Ilse war möglicherweise religiöser als andere Mitglieder der Familie und war von klein auf sehr an der zionistischen Bewegung interessiert und davon inspiriert. Diese Bewegung wurde 1897 in Köln von Max Bodenheimer gegründet und hatte bis 1914 mehr als 10.000 Mitglieder. 1933, nach Hitlers Machtübernahme, wurde das so genannte Haavara-Abkommen zwischen deutschen Zionisten und dem Nazi-Regime ausgearbeitet, um jungen deutschen Juden die Einwanderung nach Palästina zu ermöglichen und dies zu fördern.

Irgendwann in den frühen 1930er Jahren schloss sich Ilse der zionistischen Bewegung an und ging in die Tschechoslowakei als Teil ihrer Ausbildung in zionistischer Lehre. Wir können daher annehmen, dass sie, da sie auf dem obigen Foto zu sehen ist, kurz zurückgekehrt ist, um die goldene Hochzeit ihrer Großeltern zu feiern. Sie hatte Ze'ef Yoffe, Gidons Vater, wahrscheinlich schon in der Tschechoslowakei kennengelernt und wanderte mit ihm irgendwann später im Jahr 1934 nach Palästina aus, höchstwahrscheinlich mit einem Visum, das im Rahmen des Haavara-Abkommens erteilt wurde. Ilses erster Sohn, Gidon, wurde 1935 in Palästina geboren, und nur zwei Jahre später wurde ihr zweites Kind, Tamar, ein Mädchen, geboren. Ze'ef Yoffe erlangte später beträchtlichen Ruhm als renommierter israelischer Karikaturist.

Nur zwei Personen auf dem obigen Foto waren keine Mitglieder der Großfamilie - Anna Jaschke war die Haushälterin und Köchin von Louis und Jenni Böhm, die mehr als 25 Jahre für die Familie gearbeitet hat. Max Lustig war ein Freund der Familie, der aus Gleiwitz stammte. Eva Neisser Echenberg erzählt in ihrem Buch *Walter's Welcome* die Geschichte ihres Onkels Walter Neisser, eines wohlhabenden, einflussreichen Juden, der ursprünglich aus Beuthen stammte, wo Louis geboren und aufgewachsen war. Walter Neisser verließ Deutschland in den 20er Jahren und ging nach Peru und half Jahre später, nach Hitlers Machtergreifung, vielen Mitgliedern seiner eigenen Familie und Dutzenden von jüdischen Geschäftsleuten bei der Einwanderung nach Peru, indem er sie oft sponserte und in seiner Maschinenfabrik beschäftigte. Walter Neissers Geschäftspartner in Lima war Rudolph Lustig, der, wie ich glaube, ein Verwandter von Max Lustig war. Es ist daher sehr wahrscheinlich, dass Walter Neisser und Rudolph Lustig auch Walter und Margarete Böhm mit ihrer Tochter Margot im Oktober 1941 bei ihrer Einwanderung nach Peru geholfen haben.

Eine interessante Fußnote zu Walter ist, dass die Gestapo ihn am 13. Februar 1937 verhaftete und für etwas mehr als einen Monat im Konzentrationslager Dachau festhielt, bevor sie ihn freiließ. Der einzige Grund, der in den Unterlagen genannt wird, ist "jüdischer Gefangener". In seinem Haftbefehl steht lediglich, dass er mit dem Zug nach Dachau transportiert wurde. Es ist bemerkenswert, dass Walter zu keinem Zeitpunkt nach dem Krieg Interesse daran zu zeigen schien, sich dem Rest der Familie in Australien anzuschließen. Dies lässt mich zu dem Schluss kommen, dass Walter, Margarete und Margot in Lima sehr glücklich gewesen sein müssen. In der Tat nahmen alle drei später die peruanische Staatsbürgerschaft an. Wir wissen auch, dass Margot Max Anschlawski heiratete, der ebenfalls die peruanische Staatsbürgerschaft besaß. Wir haben nur sehr wenige Informationen über ihn, außer dass er 1904 geboren wurde, im Juli 1959 New York besuchte und seit 1996 in Miami, Florida gelebt zu haben. Es ist möglich, dass er sich dort nach Margots Tod 1992 niedergelassen hat. Margots Vater, Walter, starb 1960. Sowohl er als auch seine Tochter wurden auf dem jüdischen Friedhof in Lima begraben.

Von links nach rechts: Ruth, Elfriede, Steffi, Henry, Kate und Henry ca. 1935

Wie bereits im Prolog erwähnt, sind die Informationen über den Alltag der Familie Böhm in den 1930er Jahren eher begrenzt. Wir können jedoch einige Vermutungen anstellen, basierend auf dem, was wir wissen, und dem politischen Hintergrund in Deutschland in dieser Zeit. Während Louis zweifellos seinen Ruhestand in Katscher genoss und George als Zahnarzt in Gleiwitz praktizierte, versuchten Arthur, Clara und Ruth lediglich, so gut es ging, in Breslau zu überleben. Ilse war bereits 1935 nach Palästina gegangen. Wie bereits erwähnt, war als Folge der Entscheidung des Völkerbunds das Leben für die jüdische Bevölkerung in Oberschlesien vor der Kristallnacht weitaus einfacher als für die Juden in anderen Teilen Deutschlands. Kate und Henry hatten in Ratibor ein weiteres Schuhgeschäft gegründet. Siegbert, der als Homosexueller so etwas wie das schwarze Schaf der Familie war, ließ sich irgendwann nach 1935 in Berlin nieder, wo er vermutlich einen Freund hatte. In einem Branchenbuch von 1935 ist er jedoch noch als in Waldenburg (Schlesien) lebender und arbeitender Schneider verzeichnet. Es ist nicht viel über Walter und Margarete während dieser Zeit bekannt, oder in welcher Branche Walter tätig war. Wir wissen, dass er und seine Frau 1936 in einer Wohnung in der Viktoriastraße 47 in Breslau lebten. Interessanterweise wohnten sowohl George und Elfriede , und ich glaube, auch Arthur und Clara in den späten 1930er Jahren für kurze Zeit in derselben Straße.

FLUCHT UND INTERNIERUNG

Kindertransport-Denkmal in Berlin

Es besteht kaum ein Zweifel daran, dass die schrecklichen Ereignisse der Kristallnacht im November 1938 alles für die Böhms veränderten, wie auch für Zehntausende anderer jüdischer Familien in ganz Deutschland. Plötzlich wurde die grausame Wirklichkeit und die Konsequenzen für die Juden, die sich entschieden hatten, in Deutschland zu bleiben, erkennbar, so dass die absolute Priorität für viele darin bestand, das Land so schnell wie möglich zu verlasssen. Aus offensichtlichen Gründen gab es einen klaren Fokus und eine Dringlichkeit, Kinder und Jugendliche als Erste aus Deutschland herauszubringen. Eine Reihe von internationalen Kampagnen wurde gegründet, um bei dieser schwierigen Aufgabe zu helfen. Die erfolgreichste und vielleicht bekannteste dieser Initiativen war die Kindertransport-Kampagne, die auch "Flüchtlingskinder-Bewegung" genannt wurde. Zwischen Ende November 1938 und dem 1. September 1939 wurden mehr als 10.000 Kinder, die nach den Nürnberger Rassengesetzen als jüdisch eingestuft wurden, aus Deutschland und den anderen besetzten Ländern zur Umsiedlung nach Großbritannien verschickt.

Nach der Kristallnacht hatte das britische Parlament auf die Appelle des British Jewish Refugee Committee reagiert. Am 21. November 1938 fand eine Debatte im britischen Unterhaus statt. Obwohl die Regierung gerade eine neue Obergrenze für die jüdische Einwanderung nach Palästina als Teil des dortigen Mandats verhängt hatte, trugen mehrere Faktoren zu ihrer Entscheidung bei, einer unbestimmten Anzahl von Kindern unter 17 Jahren die Einreise in das Vereinigte Königreich zu erlauben. Zu diesen Faktoren gehörten die Bemühungen der Befürworter der Flüchtlingstransporte, das wachsende Bewusstsein der antijüdischen Gräueltaten in Deutschland und Österreich sowie pro-jüdische Sympathien einiger hochgestellter britischer Persönlichkeiten. Um ihr endgültiges Resettlement zu sichern, musste für jedes Kind eine Kaution von 50 Pfund hinterlegt werden. Es wurde angenommen, dass sie nach Überwindung der Krise wieder mit ihren Eltern zusammengeführt werden würden. Für sie wurden vorläufige Reisedokumente ausgestellt, um die Einreise nach Großbritannien zu ermöglichen. Am 1. Dezember 1938, weniger als einen Monat nach der Kristallnacht, verließ der erste Transport Deutschland. Er kam am darauf folgenden Tag mit 196 Kindern aus einem jüdischen Waisenhaus in Berlin, das am 9. November von den Nazis niedergebrannt worden war, in Harwich an. Die meisten der nachfolgenden Transporte fuhren mit dem Zug von Wien, Berlin, Prag und anderen Großstädten ab (Kinder aus kleineren Städten reisten zu den Transporten). Die Transporte überquerten dann die holländische und belgische Grenze. Von dort ging es per Schiff weiter nach England. Die meisten der Kinder sahen ihre Eltern nie wieder.

Das zweite Mitglied der Familie Böhm, das Deutschland verließ, war Ilses Schwester Ruth. Damit sie so schnell wie möglich ausreisen konnte, nahmen Clara und Arthur die Hilfe der Anglo-German Agency in Anspruch, einer Organisation mit Sitz in London, die jungen deutschen Frauen bei der Suche nach einer geeigneten Stelle als Haushaltshilfe in Großbritannien half. Diese Organisation wurde 1931 von Lisbeth Röntgen Thomson, einer deutschstämmigen Frau, gegründet. Bis 1936 konnte sie mit Zustimmung der deutschen Behörden recht frei agieren. Am 31. März 1939 erhielt Ruth ein verbindliches Angebot für eine geeignete Stelle, die für sie in Großbritannien gefunden worden war. Das Stellenangebot lautet wie folgt:

> *'..eine nette Familie, die in einem Haus auf dem Lande lebt, in der Nähe von Kings Langley, das 21 Meilen von London entfernt liegt. Der Haushalt besteht aus vier Personen (drei Damen, ein Herr und ein junges Mädchen). Es wird von Ihnen erwartet, dass Sie alle Aufgaben im Haushalt erledigen, einschließlich des "bürgerlichen" Kochens. Sie werden immer eine Schürze tragen müssen. Ihr Gehalt beträgt 40 Pfund pro Jahr, d.h. 66 englische Schillinge pro Monat. Im Haus gibt es eine dreizehnjährige Tochter. Das Haus hat 8 Zimmer und die Damen kochen normalerweise für sich selbst. Es wird kein Deutsch gesprochen. Es handelt sich um eine protestantische Familie, die Ihnen ein gutes Zuhause bieten wird.*

Ruth nahm das Angebot sofort an, und am 21. Mai 1939 verließ sie im Alter von nur 21 Jahren Deutschland für immer. Sie hat immer davon gesprochen, dass die Familie Sadler sehr nett zu ihr war und ihr tatsächlich ein gutes Zuhause geboten hat. Dieser Teil von Hertfordshire ist auch heute noch ruhig und wunderbar ländlich. Die dörfliche Atmosphäre des Ortes und die enge Gemeinschaft sind der Umgebung, in der Ruth aufgewachsen war, gar nicht so unähnlich gewesen. Deswegen ist es verständlich, warum sie sich dort so wohl fühlte.

Das ehemalige Sadler-Haus in Abbots Langley

Ich kann mich gut daran erinnern, dass meine Mutter eine sehr gute Köchin war. Ich kann mir aber auch vorstellen, dass ihre allgemeinen hauswirtschaftlichen und kulinarischen Fähigkeiten in diesem frühen Stadium ihres Lebens und da sie nie von zu Hause weg war, wahrscheinlich recht begrenzt waren. Dafür spricht auch die Tatsache, dass Ruth ein Jahr zuvor, im März 1938, sicherlich auf Geheiß ihrer Mutter, einen allgemeinen Hauswirtschaftskurs an der Paula Ollendorff-Haushaltungsschule in Breslau erfolgreich abgeschlossen hatte.

In der Korrespondenz zwischen Ruth und ihrer Mutter Clara während des Sommers 1939 wird deutlich, dass Ruth mit ihrem neuen Leben in England sehr glücklich war und sogar optimistisch in die Zukunft blickte, obwohl sie ihre Mutter deutlich vermisste. In einem sehr bedeutsamen Brief, den Clara am 18. Juli 1939 an Ruth schrieb, während sie sich bei George und Elfriede in Gleiwitz aufhielt, wird deutlich, dass alle notwendigen Vorkehrungen getroffen worden waren, damit Clara zu ihrer Tochter nach England kommen konnte.

Ich werde mich wirklich beeilen müssen, wenn ich am 1. September dabei sein soll. Ich kann es noch gar nicht richtig glauben und muss mich erst einmal an den Gedanken gewöhnen. Schreib mir und lass mich wissen, was Du brauchst und was ich mitbringen soll. Ich habe einen langen Brief von Tante Erna erhalten. Sie freut sich auch schon sehr darauf. Ich werde es nicht glauben, bis ich tatsächlich auf dem Schiff bin.

Doch durch eine absolut tragische Wendung des Schicksals sollte Clara Deutschland nie verlassen. Genau an dem Tag, an dem sie in England ankommen sollte, dem 1. September 1939, überfiel Deutschland Polen und zwei Tage später erklärten Großbritannien und Frankreich Deutschland den Krieg. Clara und ihre Tochter Ruth haben sich nie wieder gesehen. Weniger als drei Jahre später, im Mai 1942, starb Clara in Theresienstadt.

Ruth sprach oft mit mir darüber, wie sich die Stimmung der britischen Öffentlichkeit und ihre Haltung gegenüber den vielen Deutschen in ihrer Mitte dramatisch veränderte, nachdem Großbritannien Deutschland den Krieg erklärt hatte. Es gibt eine bestimmte Begebenheit, die sie offensichtlich nie vergessen konnte. Wie ihr Vater war sie schon immer eine begeisterte Schwimmerin gewesen und verbrachte in ihrer Freizeit viele Stunden im dortigen Schwimmbad, wenn sie nicht gerade als Hausangestellte arbeitete. Bei einer Gelegenheit, es muss im Spätsommer 1939 gewesen sein, wurde sie von anderen Badegästen nicht nur beschimpft, sondern sogar mit Steinen beworfen. Als naive und sensible junge Frau, die ein sehr behütetes Leben geführt hatte, muss sie dieses traumatische Ereignis tief getroffen haben. Doch schon bald sollte sie noch viel Schlimmeres erleiden müssen, und zwar von den britischen Behörden, die ihr angeblich Zuflucht vor der harten Behandlung durch die Nazis in Deutschland geboten hatten. Nur drei Monate später, Anfang Dezember, kündigte Ruth ihre Stelle bei der Familie Sadler. In einem Referenzschreiben schreibt ihre Arbeitgeberin Florence Sadler:

Ruth verlässt uns, um Krankenschwester zu werden. Wir haben festgestellt, dass sie einen guten Charakter hat, gut ausgebildet, scharfsinnig und intelligent ist, wunderbar fröhlich, gut gelaunt und bestrebt, zu gefallen und sich in jeder Hinsicht zu verbessern.

Meines Wissens hatte meine Mutter nie ein Interesse an der Krankenpflege gezeigt. Wir müssen davon ausgehen, dass es einen anderen Grund für sie gegeben haben muss, ihre Arbeit in Hertfordshire zu verlassen und kurz vor Weihnachten jenes Jahres nach Kent zu reisen. In Deutschland hatte Ruth eine enge Beziehung zu Fritz Pelikan, der in Georgenberg, in der Nähe von Kattowitz, geboren wurde und dessen Eltern mit Clara Böhm befreundet waren.

Fritz Pelikan

Fritz, der zu dieser Zeit Ruths wahrscheinlich inoffizieller Freund war, wurde im Juli 1939 aus Dachau entlassen, nachdem er ein Einreisevisum nach Großbritannien erhalten hatte. Zu Weihnachten desselben Jahres war er bereits fünf Monate lang Insasse des Kitchener-Lagers in Richborough, Kent. Er trat dann dem Auxiliary Military Pioneer Corps bei, zweifellos um seinen dauerhaften Aufenthalt im Vereinigten Königreich zu sichern.

Zwischen Februar 1939 und dem Ausbruch des Zweiten Weltkriegs am 3. September 1939 wurden fast 4.000 erwachsene männliche jüdische Flüchtlinge in Züge aus Berlin und Wien gesetzt. Sie reisten über Oostende und Dover nach Sandwich in Ost-Kent, wo der CBF (Central British Fund for German Jewry) einen alten Stützpunkt aus dem Ersten Weltkrieg, das sogenannte Kitchener-Lager, angemietet hatte. Dieses Lager war eines von sieben Lagern des Ersten Weltkriegs in der Nähe von Sandwich. Diese Lager waren als Richborough Port bekannt. Das Lager selbst wurde manchmal, besonders von den jüdischen Philanthropen, die die CBF leiteten, als "Richborough Transit Camp" bezeichnet. Zwei jüdische Brüder, Jonas und Phineas May, leiteten das Lager. Beide hatten zuvor Erfahrungen mit der Leitung von Sommerlagern für die Jewish Lads' Brigade gesammelt. Es wäre jedoch eine viel anspruchsvollere Aufgabe gewesen, ein Lager für 4.000 traumatisierte Männer zu leiten, von denen die meisten gezwungen waren, ihre Familien im Dritten Reich und in den von den Deutschen besetzten Ländern zurückzulassen. Einigen Männern gelang es im Sommer 1939, ihre Familien aus den besetzten Gebieten zu holen, indem sie für ihre Frauen das System der "Hausdienstvisa" und für ihre Kinder den Kindertransport nutzten. Die meisten Familien konnten jedoch nicht rechtzeitig aus Deutschland fliehen und wurden während des Holocausts ermordet.

Das Auxiliary Military Pioneer Corps, dem Fritz Pelikan angehörte, war ein Korps der britischen Armee ohne Kampferfahrung, das für leichte technische Aufgaben zuständig war. Es wurde 1939 gegründet und 1993 mit dem Royal Logistic Corps zusammengelegt.

Fritz Pelikans Mitgefangene im Kitchener Camp 1939

Die Pioniereinheiten erfüllten eine Vielzahl von Aufgaben auf allen Kriegsschauplätzen, darunter Bereitstellung von Trägern von Krankentragen, die Handhabung aller Arten von Vorräten, das Verlegen von vorgefertigten Gleisen an Stränden und die Durchführung verschiedener logistischer Operationen. Ruth könnte durchaus an die Südküste gereist sein, um bei Fritz zu sein, obwohl es nicht ganz klar ist, wo sie sich aufhielt oder wo sie während dieser Zeit arbeitete. Es ist jedoch möglich, dass sie von einer Dame namens Joyce Piercy und ihrer Schwester Pat unterstützt wurde, die Ruths Familie (und Fritz Pelikan) recht gut kannten. Die Piercy-Schwestern, die sehr bekannt waren, wohnten in der Nähe des Lagers und freundeten sich oft mit jungen männlichen jüdischen Häftlingen an, luden sie zum Tee ein und nahmen sie auf Ausflüge in die nähere Umgebung mit. In seinem Buch *From Dachau to Dunkirk*, erinnert sich Fritz Pelikan, dass er Weihnachten 1939 bei den Piercy-Schwestern verbrachte, so dass es durchaus möglich ist, dass auch Ruth dort war. Wir wissen jedoch, dass es zu diesem Zeitpunkt bereits mindestens zwei andere Männer in Ruths Leben gab.

Rudi

Emil Brand stammte aus Wien und war etwa zur gleichen Zeit Insasse des Kitchener Lagers, während er auf die Genehmigung seines Einwanderungsvisums in die Vereinigten Staaten wartete. Im dritten Teil werden wir auf Emil Brand zurückkommen und darauf, wie er und Ruth sich tatsächlich trafen. Wir wissen mit Sicherheit, dass sie sich trafen, wenn auch nur kurz, entweder Ende 1939 oder sehr früh im Jahr 1940. Nach ihrem Tod im Jahr 1977 hinterließ Ruth eine Reihe von Fotografien, nicht nur von Mitgliedern ihrer Familie, sondern auch von Menschen, die ihr offensichtlich sehr wichtig gewesen waren. Dazu gehören eine Reihe von signierten und unsignierten Fotos eines jungen Mannes namens Rudi, von dem wir wissen, dass er im Oktober 1938 in Berlin war. Ruth erhielt im Juli 1939 einen Brief von ihrem alten Freund Paul Wiener, aus dem hervorgeht, dass Rudi in den Monaten vor dem Ausbruch des Zweiten Weltkriegs tatsächlich mit Ruth in England war.

Du bist mit deinen Bekannten dort sicher gelandet. So hast Du das Wichtigste, was Du brauchst, wenn Du in einem anderen Land bist: Unterstützung, Hilfe und Rat. Sorgen Sie dafür, dass Sie diese Bekanntschaften behalten. Und Du hast auch deinen Rudi dort bei dir.

Wir können nicht sicher sein, ob Rudi nur ein sehr guter Freund war oder ob ihre Beziehung eher intim war. Aber die Tatsache, dass Ruth so viele verschiedene Fotos von ihm aufbewahrt hatte, lässt mich glauben, dass ihre Beziehung wahrscheinlich romantischer Natur war. Da wir keinen Nachnamen für Rudi haben, war es nicht möglich, herauszufinden, was mit ihm geschah, nachdem er in England angekommen war. In den ersten Monaten des Jahres 1940 ging Emil Brand jedoch in die Vereinigten Staaten, und Fritz Pelikan, der nun offiziell Mitglied der britischen Armee war, ging nach Frankreich.

Obwohl das Leben für die Tausenden von Deutschen und Italienern, die bereits vor Kriegsausbruch in Großbritannien lebten, nicht einfach gewesen sein dürfte, durften sie ihren Alltag mit einem angemessenen Maß an Freiheit weiterführen. Das sollte sich jedoch mit Kriegsbeginn ändern. Im Mai 1940 wurde Winston Churchill zum Premierminister gewählt, und noch im selben Monat begann die dramatische und beispiellose Evakuierung von Dünkirchen, die bis zum 4. Juni andauerte. Dünkirchen sollte den Verlauf des Zweiten Weltkriegs entscheidend verändern, aber die Auswirkungen auf die Tausenden von ‚feindlichen Ausländern', die zu dieser Zeit im Vereinigten Königreich lebten, sollten sich als noch dramatischer erweisen.

Im September 1939 befanden sich etwa 80.000 potenziell ‚feindliche Ausländer' in Großbritannien, und nach Kriegsbeginn wurden alle Deutschen und Österreicher über 16 Jahre aufgefordert, vor speziellen Tribunalen zu erscheinen, um in eine von drei Gruppen eingeteilt zu werden:

- „A" - diejenigen, die als hohes Sicherheitsrisiko eingestuft wurden, knapp 600 an der Zahl, die sofort interniert werden sollten;
- „B" - "zweifelhafte Fälle", etwa 6.500, die überwacht werden und Einschränkungen unterliegen würden;
- „C" - "kein Sicherheitsrisiko", rund 64.000 Personen, die keine Einschränkungen unterlegen mussten. Mehr als

55.000 der Kategorie "C" wurden als Flüchtlinge vor der Naziunterdrückung anerkannt. Die große Mehrheit von ihnen war jüdisch.

Ruth erschien am 13. Oktober 1939 vor ihrem ersten Tribunal und wurde als "Category C enemy alien" eingestuft. Die Situation begann sich jedoch im Frühjahr 1940 schnell zu ändern, als das Scheitern des Norwegenfeldzugs zu einem Ausbruch des Spionagefiebers und einer steigenden Agitation gegen feindliche Ausländer führte. Immer mehr Deutsche und Österreicher wurden zusammengetrieben, und auch Italiener wurden einbezogen, obwohl Großbritannien erst im Juni desselben Jahres mit Italien in den Krieg eintreten sollte. Zu diesem Zeitpunkt befanden sich mindestens 19.000 Italiener in Großbritannien, und Churchill befahl, sie alle zu verhaften, obwohl die meisten von ihnen schon seit Jahrzehnten in Großbritannien lebten. Die Tatsache, dass viele der feindlichen Ausländer jüdische Flüchtlinge waren und daher kaum mit den Nazis sympathisieren würden, machte die Lage verzwickt, was aber niemanden interessierte. Sie wurden immer noch wie deutsche und österreichische Staatsbürger behandelt. Es wird geschätzt, dass allein in einem Lager auf der Isle of Man mehr als 80 Prozent der Internierten jüdische Flüchtlinge waren.

Es ist nicht klar, wie lange Ruth an der Südküste blieb, nachdem Fritz Pelikan nach Frankreich abgereist war. Als junge alleinstehende Frau mit praktisch keinen Englischkenntnissen, ohne Arbeit und ohne Geld, waren ihre Möglichkeiten stark eingeschränkt. Erschwerend kam hinzu, dass sie inzwischen entdeckt hatte, dass sie schwanger war. Also ging sie irgendwann im Frühjahr 1940 zu ihrer Tante Erna (Clara Böhms Schwester), die im Norden Londons lebte. Jedoch nur ungefähr drei Monate später klopften zwei Polizisten an die Tür der 91, Dartmouth Road und verhafteten sie. Man befahl ihr, einen kleinen Koffer zu packen und nur das Nötigste mitzunehmen. Dies muss ein weiteres zutiefst traumatisierendes Erlebnis für Ruth gewesen sein. In Breslau unter dem Nazi-Regime hatte jeder in ständiger Angst vor dem Klopfen an der Tür und den schrecklichen Konsequenzen, die folgen könnten, gelebt. Aber als sie nach Großbritannien kam, glaubte sie verständlicherweise, dass sie davor keine Angst mehr haben müsste, dass sie beschützt und in relativer Freiheit und Frieden leben könnte. Meine Mutter hatte immer behauptet, dass sie verhaftet worden war, weil jemand sie "denunziert" hatte. Später teilte sie ihren Verdacht mit Emil Brand, mit dem sie zumindest einige Jahre nach ihrer Internierung in Kontakt war. Aber in einem Brief, den er im Mai 1942 an Ruth schrieb, versucht Emil, ihre Verdächtigungen zu entkräften.

Ich denke, dass Du mit Joyce in Kontakt bleiben solltest, denn es ist besser, einen Freund zu viel als einen Feind zu viel zu haben. Ich kann nicht glauben, dass sie Dich betrogen hat und ich denke, dass Du Dich das nur einbildest. Schreib ihr mal, denn Du könntest sie eines Tages brauchen.

Ich glaube, dass die "Joyce", auf die sich Emils Brief bezog, wahrscheinlich keine andere war als Joyce Piercy, die sich sowohl mit Fritz Pelikan als auch mit Emil Brand während ihrer Zeit im Kitchener-Lager angefreundet hatte. Vor dem Krieg waren Joyce und ihre Schwester Pat gegenüber den jüdischen Flüchtlingen, besonders den Männern, immer sehr wohlgesonnen gewesen. Als jedoch die Massenverhaftungen ernsthaft begannen und die Behörden vor der riesigen Aufgabe standen, den Aufenthaltsort von Zehntausenden von feindlichen Ausländern, die über das ganze Land verteilt waren, zu identifizieren, könnte es sein, dass Joyce Piercy es als ihre patriotische Pflicht empfunden hatte, Ruth zu "melden", weil sie wusste, wo sie sich zu diesem Zeitpunkt aufhielt? Wir werden es nie mit Sicherheit wissen, aber meine persönliche Meinung ist, dass es unwahrscheinlich ist, dass Joyce Piercy den Aufenthaltsort meiner Mutter verraten hat, wenn man bedenkt, dass sie und ihre Schwester so große Anstrengungen unternommen haben, um den jüdischen Flüchtlingen, die 1939 in Großbritannien ankamen, das Leben bequemer und angenehmer zu machen.

Es besteht wenig Zweifel daran, dass die britischen Behörden schlecht vorbereitet waren, Churchills drakonischen Plan umzusetzen, jeden feindlichen Ausländer im Vereinigten Königreich zusammenzutreiben und zu inhaftieren. Nach ihrer Verhaftung erschien Ruth am 13. Juni 1940 zum zweiten Mal vor einem Amtsgericht in Hatfield, das nur 20 Meilen nördlich von ihrem damaligen Wohnort liegt. Diesmal lautete der offizielle Gerichtsbeschluss, dass sie bis auf Weiteres interniert werden sollte. Doch nachdem die Verhaftungen durchgeführt und die Internierungen angeordnet worden waren, wussten die britischen Behörden nicht, was sie mit diesen Tausenden von Menschen tun sollten oder wohin sie sie bringen sollten. Also beschlossen sie, als vorübergehende Maßnahme das Einzige zu tun, was sie konnten. Das hieß, sie ins Gefängnis zu verfrachten. Unmittelbar nach ihrem Auftritt vor Gericht wurde Ruth im Holloway-Gefängnis eingesperrt, einem hässlichen, antiquierten Gebäude, das ursprünglich 1856 als gemischtes Gefängnis eröffnet worden war. Im Jahr 1903 wurde es jedoch ein reines Frauengefängnis und blieb als solches bestehen, bis es schließlich 2016 geschlossen wurde. Nach allem, was man hört, waren die Bedingungen extrem hart. Ich kann mir nur ansatzweise vorstellen, wie verängstigt und verlassen sich meine Mutter während der fünf Wochen, die sie dort verbrachte, gefühlt haben muss. Schließlich wurde Ruth am 18. Juli 1940 in das Internierungslager Rushen auf der Isle of Man verlegt.

Sie wurde mit der Bahn nach Liverpool verbracht und bestieg anschliessend ein Frachtschiff, das nach Douglas, dem Haupthafen auf der Isle of Man, fuhr. Die Behörden auf der Insel waren von der britischen Regierung gebeten worden, Tausende von feindlichen Ausländern in den Städten Douglas, Ramsey und Peel unterzubringen. Die meisten dieser Menschen waren, wie meine Mutter, Flüchtlinge aus Deutschland. Aber auch deutsche Staatsangehörige, die seit vielen Jahren im Vereinigten Königreich lebten, wurden verhaftet und interniert. Die Behörden auf der Isle of Man beschlossen, dass die einzige Möglichkeit, so viele Menschen auf einer so kleinen Insel unterzubringen, darin bestand, kurzerhand alle Hotels und Gasthäuser zu beschlagnahmen.

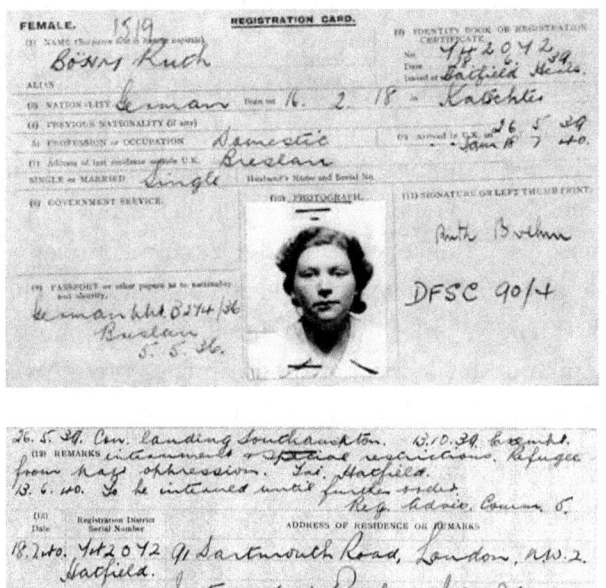

Ruth Böhms Internierungsbefehl

Das Rushen Camp war einzigartig in Europa. Es war das einzige reine Frauenlager, das ausschließlich von Frauen geleitet wurde und maximal 3.500 Insassen beherbergte. Im Gegensatz zu den anderen Lagern auf der Insel wurde das Rushen Camp vom Innenministerium und nicht vom Militär verwaltet, sodass die Bedingungen weit weniger hart waren. Die berüchtigte Kommandantin des Lagers, Dame Joanna Cruikshank, wurde jedoch heftig kritisiert, weil sie unter anderem nicht dafür sorgte, dass echte Flüchtlinge getrennt von den vielen Nazi-Sympathisanten untergebracht wurden. Sie wurde schließlich ihres

Postens enthoben. Anfänglich war Ruth gezwungen, ein Zimmer mit einem Judenhasser mit starken Nazi-Sympathien zu teilen.

Zu Beginn genossen die Frauen ein hohes Maß an Freiheit und durften sogar das hübsche Städtchen Port Erin erkunden. Ihre Bewegungsfreiheit wurde jedoch schließlich eingeschränkt. Es wurden Stacheldrahtzäune um das Lager errichtet, obwohl sie weiterhin begrenzten Zugang zum Strand hatten (der Sommer 1940 war sehr heiß). Die Frauen organisierten sich schnell in Gruppen und liessen ihre Fähigkeiten einander zugute kommen, um eine breite Palette von Aktivitäten für alle zugänglich zu machen. Dazu gehörte Kochen, Nähen, Bildhauerei, Schreibmaschine schreiben, Schneiderei und Musik. Es entstanden einige schöne Arbeiten, die noch heute im Rushen-Museum zu sehen sind.

Ruths Sohn Peter wurde am 11. November 1940 im Waverley House, Rushen Camp, geboren. Einige Monate, nachdem die Lager eingerichtet worden waren und die Dinge reibungslos liefen, richteten die Behörden eine Reihe regelmäßiger Tribunale ein, um den Grad der Zugehörigkeit und das Risiko, das die Internierten darstellten, zu beurteilen, mit dem Ziel, diejenigen, die als geringes Risiko eingestuft wurden, auf das Festland zurückzuschicken. Das Ergebnis war, dass viele der Internierten nach nur sechs oder neun Monaten auf der Insel ausreisen durften, besonders wenn sie Verwandte oder Freunde hatten, die für sie bürgen oder sie finanziell unterstützen konnten. Leider hatte Ruth nicht so viel Glück. Ich glaube, dass sie mehrmals vor einem Tribunal erschien, und jedes Mal wurde ihr Antrag auf Ausreise abgelehnt.

Internierungslager Rushen

Als junge, unverheiratete Frau mit einem Kind, mittellos und ohne Arbeit und ohne festen Wohnsitz in Großbritannien wurde sie möglicherweise als zu risikoreich eingestuft. Demzufolge musste sie bis März 1942 im Lager Rushen bleiben, bis sie schließlich entlassen wurde.

Ein Protest im Parlament hatte im August 1940 zu den ersten Entlassungen von Internierten geführt. Bis Februar 1941 wurden mehr als 10.000 freigelassen. Im darauffolgenden Sommer waren nur noch 5.000 Personen in den Internierungslagern. Viele der aus der Internierung Entlassenen trugen anschließend zu den Kriegsanstrengungen an der Heimatfront bei oder dienten in den Streitkräften. Ruth schloss während ihrer Internierung auf der Isle of Man viele Freundschaften und schaffte es sogar, nach ihrer Entlassung den Kontakt zu einer jungen Frau aufrechtzuerhalten, zu der sie eine besondere Beziehung aufgebaut hatte. Grete Weiner war eine jüdische Internierte aus Wien, die im Mai 1940 interniert worden war. Durch einen merkwürdigen Zufall waren sie und Ruth etwa zur gleichen Zeit schwanger geworden. Aber es war sicher kein Zufall, dass beide beschlossen, ihre kleinen Söhne Peter John zu nennen. Zweifellos glaubten sie, dass diese kleinen jüdischen Jungen durch die Wahl möglichst christlicher Namen niemals der Verfolgung und dem Leid ausgesetzt sein würden, das ihre Mütter erlitten hatten. Wir werden Ruths Geschichte wieder aufgreifen, wenn wir uns mit der Nachkriegszeit beschäftigen. Nun ist es an der Zeit, das Schicksal der anderen Mitglieder der Familie Böhm zu verfolgen, die ebenfalls das Glück hatten, dem aufziehenden Sturm in Nazi-Deutschland zu entkommen.

Nachdem Henry und Kate Schweiger 1924 ihr Haus in Tarnowitz wegen der vehementen antideutschen Stimmung nach der Volksabstimmung, die zur völligen Zerstörung ihres Geschäfts führte, verlassen mussten, zogen sie zu Louis und Jenni nach Katscher. Sie gründeten später ein weiteres Schuhgeschäft im nahe gelegenen Ratibor. Doch irgendwann um 1935, als ihr Geschäft erneut boykottiert wurde, zogen Henry, Kate und die Kinder in den Norden nach Breslau, das zu dieser Zeit eine der größten jüdischen Bevölkerungen in ganz Deutschland hatte. Dort, so glaubten sie, würde es zumindest Sicherheit geben. Doch alles änderte sich für Tausende von Juden nach der Kristallnacht am 9. November 1938, als paramilitärische SA-Truppen in ganz Deutschland Pogrome gegen Juden durchführten. Jüdische Häuser, Krankenhäuser und Schulen wurden geplündert. Der Mob demolierte ganze Gebäude buchstäblich mit Vorschlaghämmern. Die Randalierer zerstörten auch 267 Synagogen in ganz Deutschland, Österreich und dem Sudetenland.

Die Schweigers müssen gesehen haben, in welche Richtung der Wind wehte, denn sie hatten schon einige Zeit vor der Kristallnacht einen Antrag auf Ausreise gestellt. Dies wäre zweifellos ein langwieriger Prozess gewesen, und natürlich gab es keine Garantie, dass ein Visum erteilt werden würde, denn viele Länder schlossen bereits ihre Tore für die Tausenden von Flüchtlingen, die verzweifelt versuchten, aus Deutschland herauszukommen. Henry und Kate hatten jedoch Glück. Irgendwann Anfang November 1938 gingen sie in Hamburg an Bord eines Schiffes, das nach Genua, Italien, fuhr, wo sie sich dann auf die S.S. Romolo, ein italienisches Frachtschiff mit Kurs auf Freemantle in Australien, einschifften. Interessanterweise zeigt der Eintrag in der Passagierliste, dass nur ihre Tochter Steffi mit ihnen reiste. Nur zwei Jahre später, im September 1940, starb Henrys Vater Fedor in Gleiwitz.

Gary Schweiger 1938

Ihr Sohn Gary lebte noch eine Weile bei seinen Großeltern in Katscher, bevor er in ein jüdisches Jugendlager in der Tschechoslowakei ging, wo er wegen des sich verschlechternden politischen Klimas und strengerer Grenzkontrollen tatsächlich fast ein Jahr lang festsaß. Im Jahr 1939, kurz bevor die Grenzen komplett geschlossen wurden, hatte Gary das Glück, zu entkommen und nach Holland zu gelangen, wo er an Bord des P&O-Schiffes S.S. Narkunda ging, das über Liverpool und Marseille nach Australien fuhr. Gary kam schließlich im Dezember 1939 in Freemantle an. Interessanterweise wurde dieses Schiff später zu einem Hilfstransportschiff umgebaut, wurde aber 1942 vor der Küste Nordafrikas torpediert und versenkt.

Nachdem sie in Sydney angekommen waren, lebten Henry, Kate und Steffi zunächst im Stadtteil Kings Cross, wo Kate als Köchin in einer Familie angestellt war. Später gelang es ihnen, ein Schuhreparaturgeschäft in Maroubra Bay, einem der östlichen Vororte Sydneys, zu eröffnen. Dies war jedoch eine extrem schwierige Zeit für die Familie. Kate musste zu Fuß gehen, um in der großen Einwanderergemeinde Geschäfte zu machen. Da sie kein Transportmittel hatte, ging sie direkt zu ihren Kunden, holte die Schuhe ab, brachte sie zur Reparatur in ihr Geschäft und ging dann zurück zum Kunden, um die reparierten Schuhe zurückzugeben.

Irgendwann im Jahr 1941 lernte ihre Tochter Steffi ihren zukünftigen Ehemann, Walter Friedlander (Freeman), kennen, der ebenfalls in dem Geschäft zu arbeiten begonnen hatte. Zu dieser Zeit war Kates Sohn Gary zur Familie nach Sydney gekommen und machte eine Ausbildung als Klempner. Walter und Steffi heirateten im Jahr 1944.

Walter Freeman und Steffi Schweiger

Wer es zwischen dem Ausbruch des Krieges im September 1939 und dem Beginn der Massenvernichtung der Juden im Jahr 1942 schaffte, Deutschland zu verlassen und in ein anderes Land zu gelangen, hatte zweifellos großes Glück. Doch die Geschichte von Henry Böhms Flucht grenzt schon an ein Wunder. Als sich in den späten 1930er Jahren die dunklen Wolken des Krieges zusammenzogen, flohen viele Tausende von Deutschen, die plötzlich zu Flüchtlingen geworden waren, entweder weil sie Juden waren oder weil sie politisch gegen die Nazis waren, nach Großbritannien, um dort Zuflucht zu finden.

Henry Böhm

Nur wenige von ihnen konnten wissen, dass sie bald nach Australien deportiert werden würden. Es handelt sich um einen der berüchtigtsten Vorfälle der britischen Seefahrtsgeschichte, der später von Winston Churchill als "bedauerlicher Fehler" bezeichnet worden ist. 1938 lebte Henry in Berlin bei seinem Onkel Siegbert und machte eine Ausbildung zum Schlosser an einer ORT-Schule (ORT - Organisation, Wiederaufbau und Ausbildung - war ein weltweites jüdisches Bildungsnetzwerk mit einem Netz von Schulen in verschiedenen Ländern). Jahre später erinnerte er sich, dass an einem Tag im Juni 1940 die ganze Klasse aufgefordert wurde, ihre Sachen zu sammeln und sich an einem bestimmten Ort zu melden, wo sie mit einem Kindertransport nach England evakuiert werden sollten. Bei seiner Ankunft in Großbritannien wurde Henry für einige Monate in Leeds interniert, wo ihm gesagt wurde, dass er auf ein "gemietetes

Militärtransportschiff" warten müsse, das ihn nach Australien bringen würde.

Als 1940 eine Welle der Angst vor einer drohenden deutschen Invasion Großbritannien erfasste, wurden Tausende von Ausländern deportiert, weil man befürchtete, sie könnten feindliche Spione sein. Sie wurden an Bord der HMT Dunera gebracht, die inklusive Besatzung eine Kapazität von 1.600 Personen hatte. Das Schiff stach am 10. Juli 1940 von Liverpool aus in See, ohne dass einer der Passagiere - die später als die „Dunera Boys" bekannt wurden - wusste, wohin die Reise ging. Das Schiff war überbelegt mit etwa 2.500 meist jüdischen Flüchtlingen im Alter von 16 bis 60 Jahren, darunter der 20-jährige Henry Böhm, Ruths Cousin. Mit an Bord waren auch echte Kriegsgefangene, 200 italienische Faschisten und 251 deutsche Nazis.

Nach einer 57-tägigen Reise unter entsetzlichen Bedingungen - es wurde zudem von einem Torpedo getroffen - gilt die Ankunft des Schiffes in Australien als einer der größten Zuflüsse an akademischen und künstlerischen Talenten des Landes. Die Dunera war stark überfüllt, und einer der Passagiere, der deutschstämmige Peter Eden, erinnerte sich später, dass die Männer

> ....auf Böden und Bänken schliefen, und wenn man nachts auf die Toilette wollte, lief man über Leichen. Die Truppen, die uns bewachten, waren die schlimmsten der britischen Armee. Ich erinnere mich, wie jemand mit meinem Regenmantel davonlief und ich meine Uhr verlor. Die Australier fragten uns, wo unser Gepäck sei, aber es war schon über Bord gegangen.

Die Flüchtlinge wurden bis auf 30 Minuten pro Tag die ganze Zeit unter Deck gehalten, und es gab nur 10 Toiletten für mehr als 2.000 Menschen. Daraus ergab sich die Notwendigkeit einer "Toilettenpolizei", die Namen aufrief, wenn es freie Stellen gab. Frisches Wasser gab es nur zwei- oder dreimal pro Woche. Alle Rasierapparate wurden beschlagnahmt. Darüber hinaus wurden viele persönliche Gegenstände der Internierten von einigen der undisziplinierten britischen Wachen gestohlen, von denen viele später wegen Grausamkeiten und Übergriffen angeklagt worden sind. Peter Eden sagte, dass mitten in der Irischen See ein Torpedo die Dunera "mit einem lauten Knall" traf, aber nicht detonierte. Dann wurde ein zweiter Torpedo abgefeuert. Weil die Wellen so hoch waren, hob sich das Schiff gerade, und der Torpedo verfehlte sein Ziel. Trotz dieser Zwischenfälle gelang es der Dunera, ihre Reise fortzusetzen. Ein anderer Passagier, der das Konzentrationslager Dachau überlebt hatte, bevor er nach Großbritannien kam und an Bord des Schiffes ging, erzählte, dass er eine offene Luke unter Deck gefunden hatte, durch die er und andere Internierte in Zehn-Minuten-Schichten frische Luft einatmeten, um sich von dem üblen Gestank so vieler Körper zu erholen, die wochenlang in einem schwach beleuchteten, engen Raum ohne jegliche Belüftung eingesperrt waren. Als diese Luke von den Soldaten, die später von vielen als "das Letzte vom Letzten" bezeichnet wurden, entdeckt wurde, wurde sie geschlossen.

Als das Schiff am 3. September in Port Melbourne, Australien, ankam, gingen viele der Internierten zusammen mit den italienischen und nationalsozialistischen Kriegsgefangenen von Bord. Henry wurde in einen Zug nach New South Wales gesetzt, wo er im Hay Camp zusammen mit 2.000 Flüchtlingen aus Deutschland und Österreich interniert wurde. Als das Schiff schließlich am 6. September 1940 in Sydney anlegte, kam ein australischer Sanitätsoffizier an Bord, dessen vernichtender Bericht später zu einem Kriegsgericht gegen mehrere der britischen Wachen führte. Ein ranghoher Offizier und ein Unteroffizier wurden streng gemaßregelt, ein weiterer Soldat wurde in den Dienstgrad zurückgestuft, zu einer 12-monatigen Gefängnisstrafe verurteilt und aus der Armee entlassen. Der schockierendste Aspekt dieses Debakels waren nicht so sehr die Bedingungen an Bord, sondern die Tatsache, dass jüdische Flüchtlinge zusammen mit Gruppen von Nazis und italienischen Faschisten deportiert worden waren.

Nachdem im britischen Unterhaus Fragen zu dieser Angelegenheit gestellt wurden, erkannte die Regierung bald die Schwere ihres Fehlers und suchte nach einem legitimen Grund, die Deportierten zurückzubringen, aber auf eine Art und Weise, bei der die Regierung ihr Gesicht nicht verlieren würde. In ihrem Buch *"Freud's War"* zitiert Helen Fry Walter Freud, der später in seinen unveröffentlichten Memoiren über die Dunera schrieb. Er sagte:

Obwohl die notwendigsten Medikamente fehlten, wurden lebenswichtige Medikamente wie Insulin über Bord geworfen, wenn entdeckt wurde, dass diese den Internierten gehörten. Falsche Zähne wurden entfernt, zerstört oder über Bord geworfen, religiöse Kultgegenstände, Gewänder, Gebetsbücher, Bibeln und Gebetsriemen wurden weggenommen oder zerrissen. Einige Ornate, die tatsächlich aus brennenden Synagogen in Nazi-Deutschland entfernt worden waren, wurden dank des internierten Oberrabbiners Lt Malouy zurückgegeben.

1985 kam ein Film mit Bob Hoskins (*The Dunera Boys*) in der Hauptrolle heraus, der die schockierenden Ereignisse an Bord des Schiffes schildert. Nachdem er eine kurze Zeit im Hay Camp verbracht hatte, wurde Henry vor die Wahl gestellt, in der Internierung zu bleiben oder der australischen Armee beizutreten. Er entschied sich für den Eintritt und verbrachte anschließend fast fünf Jahre als Gefreiter in der (nichtkämpfenden) 8. Employment Division. Nach seiner Entlassung zog er zu seiner Tante Kate nach Sydney und arbeitete eine Zeit lang in einem Feinkostladen. Im April 1948 lernte Henry seine zukünftige Frau Lilly Steiner kennen. Nur sechs Monate nach der Bekanntschaft heirateten sie.

Henry Böhm und Lilly Steiner

Mein Großvater Arthur Böhm war nach allem, was man hört, eine schillernde und gesellige Persönlichkeit. Er gab sich definitiv rätselhaft und konnte, wie ich glaube, ziemlich geheimnisvoll sein. In den letzten 50 Jahren kursierte auf der mütterlichen Seite der Familie eine Geschichte, die detailliert beschreibt, wie es Arthur gelang, aus Deutschland zu fliehen. Irgendwann im November 1938, nach den schrecklichen Ereignissen der Kristallnacht, wurde Arthur offenbar von einem alten Schulfreund darauf hingewiesen, dass sein (Arthurs) Name auf einer Liste von Juden stand, die bald von der Gestapo verhaftet und deportiert werden sollten. Arthur entschied sofort, dass er, um sich vor der Verhaftung zu retten, so schnell wie möglich aus Deutschland verschwinden musste. Also ließ er einfach seine Frau und Ruth in Breslau zurück und kam irgendwie nach Dänemark. Von dort aus hoffte er, ein Visum für die Einreise in die Vereinigten Staaten zu bekommen. Über seine Bewegungen in den folgenden zwei Monaten ist nichts bekannt. Aber wir wissen, dass er schließlich am 10. Februar 1939 in Manila ankam. Zweifellos glaubte er, dass er von dort aus nach Amerika gelangen könnte.

Es ist eine wenig bekannte Tatsache, dass es dem Präsidenten der Philippinen, Manuel L. Quezon, zwischen 1938 und den frühen

1940er Jahren gelang, über Tausend deutsche und österreichische Juden zu retten und sie auf die Philippinen zu bringen, zu einer Zeit, als nur wenige Länder bereit waren, jüdische Flüchtlinge aufzunehmen. Unter dem Vorwand, die philippinische Wirtschaft anzukurbeln, veröffentlichte Quezon geschickt eine Reihe von Kleinanzeigen, in denen er jüdische Fachkräfte einlud, auf die Philippinen zu kommen. Ein Stolperstein scheint jedoch die Weigerung der Vereinigten Staaten gewesen zu sein, die Grenze zu öffnen. Im Jahr 1942 fand Quezons Strategie nach der japanischen Invasion der Philippinen ein jähes Ende. Obwohl es ihm gelungen war, 1.200 Juden vor dem sicheren Tod zu retten, starb Quezon 1944 im Exil in Saranac Lake, New York. Sein Traum, mindestens 10.000 Juden zu retten, blieb unerfüllt.

Arthur blieb bis in die zweite Hälfte des Jahres 1946 auf den Philippinen, als es ihm schließlich gelang, nach Australien zu seiner Schwester Kate und seinem Bruder George in Sydney zu gelangen. In einem im Juni 1946 an Ruth gerichteten Brief beklagt er sich bitter über den Alltag in Manila während dieser turbulenten Zeit:

> *Du hast über das Leben in Deutschland geschrieben, aber es kann nicht schlimmer sein als hier - mit Lebensmittelknappheit, Raubüberfällen und Taschendieben! Wenn es vor sechs Monaten möglich war, 100 Dollar aus meiner zugeknöpften Hemdtasche zu stehlen, dann ist das allein schon ein unerhörter Vorfall. Aber das ist mir schon dreimal passiert! Es gibt hier keinen einzigen Flüchtling, der sagen könnte, dass er nicht von Raub oder Diebstahl betroffen war. Der Wilde Westen ist nichts im Vergleich zu den Philippinen. Aber generell ist die ganze Welt in Aufruhr, weil zu viele Waffen im Besitz von gesetzlosen Menschen sind. In mehreren Provinzen hier haben wir jetzt einen Zustand des Bürgerkriegs wegen der Wahl eines neuen Präsidenten. Natürlich gibt es schlechte Elemente unter seinen Gegnern, und so können wir jeden Tag in den Manila News von Gräueltaten lesen, dass Menschen getötet und ganze Dörfer niedergebrannt werden.*

Bis vor einigen Jahren hatte ich die obige Version der Ereignisse von Arthurs Flucht aus Deutschland geglaubt. Zwei Dinge haben mich jedoch dazu gebracht, die Wahrheit dieser Geschichte in Frage zu stellen. In einem Gespräch mit meiner Tante Ilse in Sydney im Jahr 1994 sagte sie mir, dass es sich nicht genau so zugetragen hat. Tatsächlich, so sagt sie, hatte ihre Mutter, Clara, eine Abneigung gegen Arthur entwickelt und wäre wahrscheinlich nicht damit einverstanden gewesen, mit ihm irgendwohin zu gehen, geschweige denn auf die andere Seite der Welt. Der zweite Grund, die Zweifel an dieser Geschichte zu wecken scheint, ist etwas, das in einem von Arthurs Briefen an Ruth auftaucht. Er deutet darin an, dass er sein Bestes getan hat, um seine Frau dazu zu bringen, sich ihm in Manila anzuschließen. In einem separaten an Ruth gerichteten Brief von Clara, der im Mai 1941 geschrieben wurde, macht Clara ihre Gefühle gegenüber ihrem entfremdeten Ehemann sehr deutlich:

> *Der alte Mann (Arthur) ist auch am Leben und hat Jetta sogar besucht. Aber anscheinend hat sie ihm ordentlich die Meinung gegeigt. Auch den Brief, den Du ihm geschrieben hast, kann er nicht vergessen. Was Du ihm vorausgesagt hast, scheint sich zu bewahrheiten, denn er ist immer noch ganz auf sich allein gestellt. Er versucht sein Bestes, um seinen Lebensunterhalt zu bestreiten, aber es sieht nicht allzu rosig für ihn aus. Soll er doch machen, was er will. Ich bin nicht mehr interessiert - diese Zeiten sind längst vorbei. Ich bin jetzt ein ganz anderer Mensch geworden, und jeder sagt, dass ich sogar anders aussehe. Ich habe das selbst gemerkt, wegen der ganzen Aufmerksamkeit (vermutlich von anderen Männern), die ich immer noch bekomme.*

Ein Brief, den Ruth von Claras Schwester Erna im September 1954 erhielt, enthält die folgende bissige Bemerkung über Arthur: "*...ich brauche lange, um jemanden zu hassen, aber was er meiner Schwester angetan hat, ist so gemein...*" Arthur könnte also durchaus Geld vom Familienkonto abgehoben haben und einfach seine eigenen Interessen in den Vordergrund gestellt haben, indem er allein aus Deutschland floh. Aber ich bin mir immer noch nicht sicher, ob man, wie Ruth immer behauptet hatte, sagen kann, dass er sie und ihre Mutter absichtlich "im Stich gelassen" hat. Die Ehe schien ohnehin am Ende gewesen zu sein. Ich glaube, dass sie beide beschlossen hatten, getrennte Wege zu gehen.

George Böhm war der einzige der Söhne von Louis und Jenni, der sich für ein Studium und eine berufliche Laufbahn entschieden hatte. Er hatte sein Zahnmedizinstudium noch vor dem Ersten Weltkrieg begonnen, und obwohl er nach Kriegsende offenbar kurzzeitig nach Katscher zurückkehrte und vielleicht sogar im Familienbetrieb aushalf. Er ließ sich anschließend mit seiner Frau Elfriede in Gleiwitz nieder, wo er nach seiner Ausbildung seine Praxis in der Nicolaistraße (heute ul. Mikolowska) eröffnete. Nach der Reichskristallnacht 1938 müssen auch George und Elfriede um ihre eigene Sicherheit und die ihres Sohnes und ihrer Tochter gefürchtet haben. Sie erkannten bald, dass sie so schnell wie möglich Deutschland verlassen mussten. In einem Brief an Ruth schreibt George im Juli 1939:

Ich weiß, wie schwierig es ist, rauszukommen. Wir versuchen, nach Chile zu kommen. Ob wir aber Glück haben werden, ist eine andere Sache.

Tatsächlich sollte es noch ein weiteres Jahr dauern, bis sie endlich ein Ausreisevisum erhielten - nicht nach Chile, wie sie ursprünglich geplant hatten, sondern nach Shanghai. Es ist nicht klar, warum es eine Änderung des Zielortes in letzter Minute gab. Als sie am 14. Oktober 1940 nach Shanghai aufbrachen, hatten bereits viele Länder ihre Tore für Flüchtlinge geschlossen. Shanghai könnte die einzige Option gewesen sein, die ihnen noch offenstand, da es eines der wenigen verbliebenen Länder war, die kein Visum verlangten.

Man schätzt, dass mindestens 17.000 deutsche und österreichische Juden nach Shanghai geflohen sind, und zwar zwischen dem Beginn der Judenverfolgung durch die Nazis im Jahr 1933 und 1939, als die Flüchtlinge in viel größerer Zahl in die Stadt strömten.

Während der 1930er Jahre hatte die Politik der Nazis die jüdische Auswanderung aus Deutschland aktiv gefördert. Sobald der Krieg begonnen hatte, wurde es jedoch viel schwieriger, ein Visum zur Ausreise zu erhalten. Zunächst schien Shanghai ein unwahrscheinlicher Zufluchtsort zu sein. Als klar wurde, dass die meisten Länder der Welt die Einreise für Juden beschränkten oder verweigerten, wurde es für viele die einzige verfügbare Wahl. Ernest Heppner, der 1939 mit seiner Mutter aus Breslau floh, erinnert sich:

Die Hauptsache war, aus Deutschland herauszukommen, und zu diesem Zeitpunkt war es den Leuten wirklich egal, wohin sie gingen, egal wohin, nur um von Deutschland wegzukommen" (Ernest Heppner, USHMM Oral History, 1999).

Mitten im Chinesisch-Japanischen Krieg, der 1937 begonnen hatte, in Shanghai anzukommen, muss ein ziemlicher Kulturschock gewesen sein, vor allem für diejenigen, die gerade von einem europäischen Linienschiff kamen waren, auf dem ihnen das Frühstück von uniformierten Stewards serviert worden war, und die sich nun in einer Suppenküche zum Mittagessen anstellen mussten.

Nachdem sich die Flüchtlinge eingelebt hatten, erwies sich die Arbeitssuche als die größte Herausforderung. Viele Flüchtlinge waren gezwungen, sich zunehmend auf Hilfe von Wohltätigkeitsorganisationen zu verlassen. Doch trotz der finanziellen Notlage, in der sie sich befanden, schaffte es die Mehrheit der deutschen und österreichischen Juden irgendwie. Obwohl Shanghai vom chinesisch-japanische Konflikt wirtschaftlich schwer getroffen worden war, passten sich einige von ihnen gut an und nutzten alle Möglichkeiten, die die Stadt zu bieten hatte. Die Familie Eisfelder, die Ende 1938 angekommen war, eröffnete und betrieb das Café Louis, das während der Kriegsjahre ein beliebter Treffpunkt für Flüchtlinge war. Andere gründeten kleine Fabriken oder Handwerksbetriebe, ließen sich als Ärzte oder Lehrer nieder oder arbeiteten als Architekten oder Bauarbeiter, um Teile des zerbombten Hongkou-Viertels umzugestalten. Um 1940 wurde ein Gebiet rund um die Chusan Road wegen seiner Cafés, Feinkostläden, Nachtclubs, Geschäfte und Bäckereien im europäischen Stil als "Little Vienna" bekannt.

Doch nach dem japanischen Angriff auf Pearl Harbour im Dezember 1941 wurden George und Elfriede zusammen mit 1.800 anderen Ausländern in dem heute fast vergessenen Internierungslager Lungwha interniert. Ironischerweise waren sie aus Deutschland geflohen, weil sie fürchteten, inhaftiert zu werden (oder Schlimmeres), nur weil sie Deutsche und Juden waren. Hier wurden sie nun als feindliche Ausländer inhaftiert, obwohl die Japaner nichts gegen die Juden hatten. Nach ihrer Entlassung wurden sie gezwungen, in der ‚Restricted Area for Stateless Refugees' im Hongkou-Viertel zu leben. Dieses Gebiet wurde später als "Shanghai Ghetto" bekannt.

Hongkou (Foto: Jüdisches Museum von Maryland)

Als die Zahl der Flüchtlinge in Shanghai plötzlich von etwa 1.500 Ende 1938 auf fast 17.000 ein Jahr später anstieg, waren die örtlichen Juden überwältigt und hatten Mühe, den bedürftigsten Familien zu helfen. Das Komitee zur Unterstützung der europäisch-jüdischen Flüchtlinge in Shanghai, das 1938 von prominenten lokalen Juden gegründet worden war, wandte sich an das Joint Distribution Committee (JDC) in New York, um zusätzliche Mittel zu erhalten. Die JDC-Zuweisung stieg von $5.000 im Jahr 1938 auf $100.000 im Jahr 1939. Selbst diese beträchtliche Erhöhung konnte kaum mit den steigenden Anforderungen Schritt halten. Gegen Ende 1939 benötigte mehr als die Hälfte der Flüchtlingsbevölkerung finanzielle Hilfe für Nahrungsmittel oder Unterkunft.

Als George und Elfriede in Shanghai ankamen, war ihr Sohn Henry bereits in Australien. Ihrer Tochter Edith war es währenddessen gelungen, in die Vereinigten Staaten zu gelangen.

Edith Böhm

Edith hatte ihren ersten Mann, Gerhardt Chrzanowski, im Dezember 1937 in Gleiwitz geheiratet, während er noch eine Ausbildung zum Psychiater in Berlin machte. Aufgrund der immer strenger werdenden Nazi-Bestimmungen musste er jedoch sein Studium unterbrechen. Er ging dann in die Schweiz, wo er sein Studium abschließen konnte. Ich glaube, dass Edith schließlich zu ihm in die Schweiz kam. Sobald er sein Studium abgeschlossen hatte, gelang es dem Paar, in die Vereinigten Staaten zu emigrieren. Edith kam am 28. Mai 1940 an Bord der SS Washington in New York an, und Gerhardt folgte ihr einen Monat später.

Anfangs war das Leben für sie äußerst schwierig, und die einzige Arbeit, die Edith bekommen konnte, war als Kindermädchen. Zu diesem Zeitpunkt hatte Gerhardt auch schon eine passende Stelle gefunden. Irgendwann im Jahr 1942 ließ sich das Paar scheiden. Edith zog dann nach Florida, wo sie ihren zweiten Ehemann, Jack Whalen, kennenlernte, der aus Cleveland, Ohio, stammte. Es wird vermutet, dass er in der Politik beschäftigt war. Sie heirateten im Februar 1944 in Fort Lauderdale und ließen sich schließlich in Miami nieder, wo Edith viele Jahre lang als Maître d' in einem Golf-Country-Club arbeitete. Nachdem sie pensioniert und verwitwet war, half Georges Frau Fanny, Edith 1984 nach Australien zu kommen. Sie hat sich in Sydney niedergelassen und lebte dort bis zu ihrem Tod im Mai 2006.

Wir können nicht sicher sein, ob George es geschafft hat, sich sofort nach seiner Ankunft in Shanghai als Zahnarzt niederzulassen, oder ob dies erst später geschah. Eine offizielle Registrierungsbescheinigung, die es ihm erlaubte, als Zahnarzt zu praktizieren, ist auf Dezember 1943 datiert. Diese musste wahrscheinlich jährlich erneuert werden. Wie auch immer, es ist zu vermuten, dass er und Elfriede sich auf die wohltätige Hilfe anderer verlassen mussten, um während der ersten Monate in Shanghai zu überleben. Das Leben in einem Land, dessen Kultur völlig anders war, als sie es in Deutschland gewohnt waren, konnte für das Paar nicht einfach sein. Sie überlebten jedoch, bis knapp zwei Jahre nach ihrer Ankunft die Tragödie ihren Lauf nahm.

Am 10. September 1942 starb Georges Frau Elfriede, offenbar an den Folgen einer langen Krankheit. George blieb noch drei Jahre in Shanghai und praktizierte weiter als Zahnarzt. 1945 erhielt er eine Einreiseerlaubnis für Australien.

Die chinesische Zahnarztlizenz von George Böhm

TRAGÖDIE UND VERZWEIFLUNG

Zurück in Deutschland, zu Beginn des Jahres 1941, wurde Louis Böhm immer mutloser, statt den erholsamen Ruhestand zu genießen, was er eigentlich hätte machen sollen. Drei seiner vier verbliebenen Söhne hatten Deutschland bereits verlassen (Arthur, Walter und George), ebenso seine Tochter Kate und sein Schwiegersohn Henry Schweiger. Sein vierter Sohn Siegbert, mit dem Louis noch sporadischen Kontakt hatte, lebte zu dieser Zeit in Berlin - ich vermute mit seinem Lebensgefährten. Außerdem waren seine sieben Enkelkinder Ilse, Ruth, Edith, Henry, Margot, Gary und Steffi, die er immer so gern gehabt hat, auch nicht mehr da. Seine ganze Familie, die so viele Jahre lang der Mittelpunkt seines Lebens gewesen war, war nicht mehr bei ihm. Er konnte sich auch nicht sicher sein, ob er jemals eines der Familienmitglieder wiedersehen würde. Als ob das alles für einen 80-jährigen Mann nicht schon genug wäre, klammerte sich seine Frau Jenni, die schon seit einiger Zeit schwer krank war, an einen seidenen Faden, der sie am Leben hielt. In einem herzergreifenden Brief an seinen Sohn George im Februar 1941 offenbart Louis ihren schweren Zustands.

Sie wird von einem Tag auf den anderen schwächer. Ihr ganzer Körper ist jetzt nur noch ein Skelett, und die offene Wunde bereitet ihr große Schmerzen. Sie isst sehr wenig und redet dazu noch oft Unsinn. Möge der liebe Gott sich nur ihrer erbarmen und sie zu sich nehmen, damit sie von ihren furchtbaren Schmerzen erlöst wird. Mein Kummer ist sehr groß, aber niemand kann mir jetzt helfen, nur der liebe Gott.

Jenni starb am 17. März 1941 und wurde auf dem jüdischen Friedhof in Katscher begraben. Wir können uns vorstellen, dass bei ihrer Beerdigung nur sehr wenige Trauergäste anwesend waren, da ihre Familie nicht mehr da war und bis auf eine Handvoll Juden bereits alle die Gegend verlassen hatten. Louis war nun ganz allein, obwohl seine treue Haushälterin Anna Jaschke bis zum Schluss bei ihm blieb. Wie für viele andere Menschen, deren nahe Verwandte bereits ausgewandert waren, wurden Briefe aus dem Ausland zum Wichtigsten in ihrem Leben. Das war auch bei Louis der Fall. Die Freude und Erleichterung, die er über jeden einzelnen Brief seiner Kinder und Enkelkinder empfand, ist in vielen seiner Briefe spürbar. In einem Brief an seinen Sohn George, den Louis nur wenige Monate nach Jennis Tod geschrieben hat, heißt es:

Ich war so erfreut, Deinen Brief vom 20. Mai zu erhalten, und ich möchte Dir, lieber George, dafür danken, dass Du so oft die Gelegenheit nutzt, Deinem lieben Vater zu schreiben. Das ist ein großer Trost für mich.

Da das Porto für die Auslandspost recht hoch war, war es üblich, Briefe aus Deutschland an Verwandte im Ausland mit einem vorausbezahlten Antwortschein zu versehen.

Vorausbezahlter Portocoupon

Das Jahr 1942 sollte sich als eines der schicksalhaftesten und tragischsten Jahre in der Geschichte der Familie Böhm erweisen. Die Wannseekonferenz, die am 20. Januar 1942 stattfand, war ein Treffen hoher Regierungsbeamter und Führer der Schutzstaffel (SS). Sie wurde in einer Villa am Großen Wannsee in Berlin abgehalten. Der Zweck der vom Leiter des Reichssicherheitshauptamtes, SS-Obergruppenführer Reinhard Heydrich, einberufenen Konferenz war es, die Zusammenarbeit der Verwaltungsleiter der verschiedenen Regierungsstellen bei der Umsetzung der "Endlösung" der Judenfrage sicherzustellen. Die meisten Juden des von Deutschland besetzten Europas sollten nach Polen deportiert und ermordet werden. Zu den Konferenzteilnehmern gehörten Vertreter mehrerer Ministerien, darunter Staatssekretäre des Auswärtigen Amtes, des Justizministeriums, des Innen- und des Staatsministeriums sowie Vertreter der SS. Im Verlauf des Treffens skizzierte Heydrich, wie die europäischen Juden zusammengetrieben und in Vernichtungslager im "Generalgouvernement" (dem besetzten Teil Polens) geschickt werden sollten, wo sie systematisch umgebracht werden sollten.

Die Wannseekonferenz sollte schlimme Folgen für alle Juden haben, die kein Ausreisevisum erhalten hatten und zu diesem Zeitpunkt noch in Deutschland lebten. Nachdem sie nach den Rassengesetzen von 1933 entrechtet worden waren, jahrelang als Bürger zweiter Klasse leben mussten und ihnen ihr Eigentum und die bürgerlichen Rechte genommen worden waren, stand nun ihr Leben auf dem Spiel. Clara Böhm war das erste Mitglied der Familie, das der harten Lebenswirklichkeit der nach der Wannseekonferenz in Deutschland verbliebenen Juden zum Opfer fiel.

Der Reisepass von Elfriede Böhm

Wie alle anderen jüdischen Frauen zu dieser Zeit war sie gezwungen worden, ihrem Namen den Zusatz „Sara" hinzuzufügen und einen gelben Stern auf ihrer Kleidung zu tragen, wenn sie ihr Haus verließ. Im Rahmen der Rassengesetze vom August 1938 war verfügt worden, dass ab dem 1. Januar 1939 alle jüdischen Männer und Frauen, die Vornamen "nichtjüdischer" Herkunft trugen, ihrem Vornamen den Zusatz "Israel" bzw. "Sara" hinzufügen mussten. Darüber hinaus waren alle deutschen Juden verpflichtet,

Personalausweise mitzuführen, die auf ihre Herkunft hinwiesen. Ab Herbst 1938 mussten alle jüdischen Reisepässe mit dem roten Buchstaben "J" gestempelt werden (siehe oben).

Clara wurde etwa Mitte November in Breslau verhaftet und in ein Internierungslager im Kloster Grüssau gebracht. Sie blieb dort bis April 1942, als sie, wie wir glauben, nach Theresienstadt in der Tschechoslowakei geschickt wurde. Theresienstadt lässt sich am besten als eine Mischung aus Konzentrationslager und Ghetto beschreiben, das die SS während des Zweiten Weltkriegs in der Festungsstadt Theresienstadt im Protektorat Böhmen und Mähren (einer von Deutschland besetzten Region der Tschechoslowakei) eingerichtet hat. Obwohl Theresienstadt im Wesentlichen ein Zubringerlager für Auschwitz und einige der anderen Vernichtungslager war, diente es vorgeblich auch als "Altersruhesitz" für ältere und prominente Juden. Dieses war mit der alleinigen Absicht eingerichtet worden, ihre Gemeinden und die ganze Welt über die Art der Endlösung zu täuschen. Die Bedingungen im Lager wurden absichtlich so gestaltet, dass der Tod der Gefangenen beschleunigt wurde. Dieses Ghetto diente den Nazis auch als wichtige Propagandastätte.

Das Ghetto wurde mit einem Transport tschechischer Juden im November 1941 belegt. Die ersten deutschen und österreichischen Juden kamen zwischen April und Juni 1942 dorthin. Niederländische und dänische Juden kamen Anfang 1943. In den letzten Kriegsmonaten wurden Gefangene verschiedener Nationalität dorthin geschickt. Man schätzt, dass etwa 33.000 Menschen in Theresienstadt starben, meist an Unterernährung und an Krankheiten. Viele Gefangene wurden dort monatelang oder sogar jahrelang festgehalten, bevor sie schließlich in Vernichtungslager und andere Tötungsstätten wie Auschwitz und Buchenwald deportiert wurden.

Die zentrale Rolle, die die jüdischen Verwalter des Lagers bei der Auswahl der zu Deportierenden spielten, hat im Laufe der Jahre viele Kontroversen hervorgerufen. Einer der berüchtigtsten von ihnen, Benjamin Murmelstein, war 1938 einer von 17 Gemeinderabbinern in Wien gewesen. Er war der einzige, der Ende 1939 noch in der Stadt war. Er war eine wichtige Persönlichkeit. Er war Vorstandsmitglied der jüdischen Gemeinde in Wien während der frühen Phase des Krieges, und ab 1944 Vorsitzender des Judenrats im Konzentrationslager Theresienstadt. Er war der einzige *Judenälteste*, der den Holocaust überlebte. Ihm wird das Verdienst zugeschrieben, Tausenden von Juden das Leben gerettet zu haben, da er ihnen bei der Auswanderung half.

Aber er wurde auch beschuldigt, ein Nazi-Kollaborateur zu sein. Was auch immer seine Handlungen und Motive gewesen sein mögen, die Befreiung von Theresienstadt führte nicht sofort zu einer dauerhaften Freiheit für Murmelstein, da er sofort von der tschechoslowakischen Regierung wegen des Verdachts der Kollaboration inhaftiert wurde. Doch die Behörden konnten ihm nichts nachweisen. Gegen Ende 1946 wurde Murmelstein freigelassen und durfte mit seiner Familie nach Rom auswandern. Er wurde in der Folge in einer Art Verwaltungsfunktion im Vatikan angestellt und arbeitete für kurze Zeit auch als Verkäufer. Obwohl er nie formell angeklagt wurde, konnte er seinen angeschlagenen Ruf nicht mehr retten. In seinen letzten Lebensjahren bemühte sich Murmelstein, seinen Ruf wiederherzustellen. 1961 veröffentlichte er seine Erinnerungen an die Kriegszeit unter dem Titel *Terezin: Il ghetto-modello di Eichmann*. Er meldete sich auch freiwillig als Zeuge für den Prozess gegen Adolf Eichmann in Jerusalem, wurde aber nie in den Zeugenstand gerufen. Danach lebte er in relativer Unbekanntheit, bis er 1975 von dem Shoah-Filmregisseur Claude Lanzmann interviewt wurde. Die jüdische Gemeinde in Rom weigerte sich, ihn als Mitglied zu führen. Als er 1989 starb, durfte er nicht neben seiner Frau beigesetzt werden, sondern wurde am Rande des jüdischen Friedhofs in Rom begraben. Auch seinem Sohn wurde das Recht verweigert, das *Kaddisch* (jüdisches Totengebet) an seinem Grab zu sprechen.

Frauenlager, Theresienstadt

Von den insgesamt 155.000 Menschen, die nach Theresienstadt geschickt wurden, starben dort etwa 33.000. Mehr als 88.000 Häftlinge wurden zur Ermordung in andere Lager deportiert. Die Gesamtzahl der Überlebenden wird auf etwa 23.000 geschätzt. Theresienstadt war bekannt für sein relativ reiches kulturelles Leben mit Konzerten, Vorträgen und heimlichem Unterricht für Kinder. Die Tatsache, dass es von Juden selbst verwaltet wurde, und die große Zahl "prominenter" Juden, die dort inhaftiert waren, sind die wesentlichen Gründe für das Aufblühen des kulturellen Lebens. Dieses geistige Erbe hat die Aufmerksamkeit von Wissenschaftlern auf sich gezogen und ein neues Interesse am Ghetto geweckt. In der Nachkriegszeit wurden einige der SS-Täter und tschechischen Wächter vor Gericht gestellt, aber die sowjetischen Behörden liessen zu, dass das Lager und seine Vergangenheit in Vergessenheit geraten.

Wir glauben, dass Clara irgendwann im Mai 1942 in Theresienstadt gestorben ist. Angesichts der Tatsache, dass üblicherweise nie ein Totenschein ausgestellt wurde, ist es unmöglich, mit Sicherheit zu sagen, wie oder wann sie gestorben ist. Obwohl einzelne Wärter oft spontane Tötungen einzelner Häftlinge durchführten, war Theresienstadt kein Tötungslager im eigentlichen Sinn. Die meisten Menschen, die dort den Tod fanden, starben an Krankheiten, die auf die unsäglichen Bedingungen und das schlechte Essen zurückzuführen waren. So erging es wohl auch Clara, die zum Zeitpunkt ihres Todes gerade einmal 50 Jahre alt war.

Das zweite Mitglied der Familie Böhm, das während des Holocausts umkam, war Siegbert. Als Homosexueller und Jude war er seit Mitte der 1930er Jahre gezwungen, sich unauffällig zu verhalten und mit seinem Partner in Berlin ein weitgehend geheimes Leben zu führen. Nach einer Volkszählung vom 16. Juni 1933 zählte die jüdische Bevölkerung Berlins etwa 160.000 Menschen. Berlins jüdische Gemeinde war die größte in Deutschland und machte fast ein Drittel aller Juden im Land aus. Angesichts der zunehmenden Verfolgung durch die Nazis hatten viele Juden die Stadt bereits verlassen. Die jüdische Bevölkerung Berlins sank durch die Auswanderung aus Nazi-Deutschland zwischen 1933 und 1939 auf etwa 80.000, obwohl in dieser Zeit Juden aus anderen Teilen Deutschlands in die Stadt zogen. Im Januar 1939 verhaftete die Gestapo Siegbert und brachte ihn in das Konzentrationslager Buchenwald, wo er kurzzeitig zum Verhör festgehalten wurde. Er wurde jedoch entlassen. Sein einziges Verbrechen war, dass er Jude war.

Die Massendeportation von Juden aus Berlin in Ghettos und Tötungsanstalten in Osteuropa fand zwischen Oktober 1941 und April 1943 statt. Sammelstellen für die Deportationen wurden an den Synagogen in der Levetzowstraße und der Heidereuter Allee, auf dem jüdischen Friedhof in der Großen Hamburger Straße und in der Rosenstraße eingerichtet. Irgendwann später wurde auch das jüdische Altersheim, das Gemeindehaus und das jüdische Krankenhaus als Sammelstellen genutzt. Wenn in diesen provisorischen Sammelstellen genug Juden für einen ganzen Transport (meist 1.000 Personen) zusammengekommen waren, wurden sie zum regulären Bahnhof, zum Güterbahnhof Grünewald oder manchmal auch zum Bahnhof Anhalter oder

Putlitzer Straße gebracht. Dort wurden sie in Personenwaggons oder manchmal auch in Güterwaggons verladen.

Die erste Deportation fand im Oktober 1941 statt, als 1.000 Juden in das Ghetto Łódź in Polen transportiert wurden. Bis Januar 1942 wurden etwa 10.000 Juden aus Berlin in Ghettos in Osteuropa deportiert, hauptsächlich nach Łódź, Riga, Minsk und Kovno. Ältere Juden aus Berlin wurden in den Jahren 1942 und 1943 nach Theresienstadt deportiert. Ab 1942 wurden die Juden aus Berlin direkt in die Tötungsanstalten deportiert, vor allem nach Auschwitz-Birkenau. Der Großteil der in Berlin verbliebenen Juden wurde bis Ende April 1943 abtransportiert. Insgesamt wurden mehr als 60.000 Juden aus Berlin deportiert, Hunderte von ihnen zogen es vor, Selbstmord zu begehen, als sich den Deportationen auszusetzen. Siegbert wurde am 2. März 1943 in seiner Wohnung in der Oranienstraße von der Gestapo verhaftet und mit dem Transport Nr. 32 nach Auschwitz geschickt, wo er mit ziemlicher Sicherheit vergast wurde. Er war gerade 53 Jahre alt.

Das tragische Schicksal von Louis Böhm, dem letzten verbliebenen Mitglied der Familie in Katscher, markiert einen Tiefpunkt in unserer Geschichte. In einem Brief an seinen Sohn George, den Louis im August 1939 geschrieben hatte, berichtet er, dass er das Haus in der Thrömerstraße weit unter Wert verkaufen musste. Er und Jenni durften jedoch für eine Jahresmiete von 960 Reichsmark bis an ihr Lebensende dort wohnen. Einen Teil des Obergeschosses hatte er an Paul Wiener (einen Freund der Familie) für eine Jahresmiete von 420 Reichsmark vermietet. Nachdem seine Frau Jenni im März 1941 gestorben war, entschied sich Louis, zusammen mit seiner Haushälterin Anna Jaschke im Haus zu bleiben. Er scheint zu dieser Zeit irgendeine Art von administrativer Funktion innegehabt zu haben, die mit der jüdischen Gemeinde in Katscher und Umgebung verbunden war. Für einen Mann, der nun Anfang 80 war, wurde diese Aufgabe offensichtlich zu einer Belastung, wie aus einem Brief hervorgeht, den er an seinen Sohn George schrieb:

Unsere Gemeinde hat mir jetzt zwei zusätzliche externe Leute gegeben, was bedeutet, dass ich mich jetzt um zehn Leute kümmern muss. Ich habe also viel mehr Papierkram zu erledigen als vorher. Ich muss verschiedene Briefe usw. an das Bezirksamt in Gleiwitz schicken und ab dem 1. Juni müssen diese nach Breslau gehen. Ich habe schon ein Gesuch an die Reichsvereinigung in Berlin geschickt mit der Bitte, mich mit Rücksicht auf mein Alter von der Post zu entbinden. Aber sie wollen mich nicht gehen lassen und haben mich gebeten, auf dem Posten zu bleiben, auch wenn nur noch ein Mitglied übrig ist.

Es gibt nur wenige Informationen darüber, wie Louis sich in der Zeit zwischen dem Tod von Jenni und dem endgültigen Verlassen von Katscher beschäftigte. Aber wir wissen bereits, dass das Haus 1945 von einer polnischen Familie erworben wurde und dass es in den vorangegangenen zwei Jahren leer gestanden hat und in schlechtem Zustand war. Aber irgendwann im Laufe des Jahres 1944 wurde es kurzzeitig von deutschen Offizieren besetzt, die eine kleine Militäreinheit in der Stadt betreuten. Das bedeutet, dass wir annehmen können, dass Louis das Haus in der Thrömerstraße irgendwann Anfang 1943 endgültig verlassen hat. Dies scheint der Fall zu sein, denn bis zu seiner Verhaftung in Oppeln im April desselben Jahres ist nichts mehr über seinen Verbleib bekannt. Es ist nicht ganz klar, warum Louis nach Oppeln (heute Opole, Polen) etwa 80 Kilometer nördlich von Katscher ging. Allerdings hatten die Nazis nach der Wannseekonferenz im Januar 1942 eine große Razzia in ganz Oberschlesien eingeleitet und waren daran interessiert, alle Juden in den drei Hauptzentren Breslau, Kattowitz und Oppeln zu versammeln, um so die Logistik für die folgenden Massendeportationen zu erleichtern. Aller Wahrscheinlichkeit nach hatten die Behörden Louis also befohlen, nach Oppeln zu gehen. Er hatte kaum eine andere Wahl gehabt, als dem Folge zu leisten.

Am 21. Mai 1943 informierte Rolf Günther, der Stellvertreter von Adolf Eichmann, alle örtlichen Polizeidienststellen, dass Heinrich Himmler angeordnet habe, alle Deportationen von Juden aus dem

Großreich und dem Protektorat nach Osten und nach Theresienstadt sollten bis zum 30. Juni 1943 abgeschlossen sein. Dieser neue Befehl galt auch für mehrere Gruppen von Juden, deren Deportation zuvor aufgeschoben worden war. Dazu gehörten vor allem Kranke und Gebrechliche, Juden, die noch zur Zwangsarbeit für die Kriegsindustrie eingesetzt wurden, und Mitarbeiter der *Reichsvereinigung der Juden*. Die einzigen Ausnahmen waren Personen, die mit Nicht-Juden verheiratet waren. Das Reglement legte auch fest, wie die Deportationen selbst durchgeführt werden sollten. Bei kleineren Transporten mit bis zu 400 Personen sollten spezielle Waggons verwendet werden, die an reguläre Züge angehängt wurden. Die Deportation der jüdischen Einwohner Oppelns begann am 13. November 1942. An diesem Tag fuhr der Transport Nr. 18/1 mit 56 Juden aus Oppeln, Głubczyce und Bytom nach Theresienstadt.

Am 11. Dezember 1942 brachte ein weiterer Transport 53 Menschen aus dem Regierungsbezirk Oppeln in das Ghetto Theresienstadt. Von dieser Gruppe überlebten nur sieben Personen. Der fünfte Transport, Nr. 18/5, bestehend aus 46 Juden, fuhr am 21. April 1943 von Oppeln nach Theresienstadt, und im Zug befanden sich Louis Böhm und vermutlich seine Haushälterin Anna Jaschke. Es ist bekannt, dass von dieser Gruppe nur 11 Personen überlebten. Die letzten Juden aus Oppeln wurden zusammen mit fünf Juden aus Ratibor mit dem sechsten Transport, der am 30. Juni 1943 abfuhr, nach Theresienstadt deportiert.

Wie genau Louis zu Tode kam, war immer Gegenstand einiger Mutmaßungen innerhalb der Familie. Die Geschichte, der alle zugestimmt zu haben scheinen, lautet jedoch wie folgt: Zum Zeitpunkt seiner Verhaftung war Louis 83 Jahre alt und laut Anna bereits ein kranker Mann. Sie meint, er hatte einen künstlichen Darmausgang, der die Folge einer Darmoperation gewesen sein muss, obwohl dies in keinem seiner Briefe erwähnt wird. Während der rund 450 Kilometer langen Fahrt von Oppeln nach Theresienstadt (Terezin) in der Tschechoslowakei wurde es notwendig, Louis' Kolostomiebeutel zu wechseln. Anna Jaschke hatte sich offenbar aus reiner Loyalität zu Louis entschlossen, mit ihm auf dem Transport zu gehen, obwohl sie keine Jüdin war. Ihre dringende Bitte, den Kolostomiebeutel zu wechseln, wurde abgelehnt. Louis starb daraufhin, vermutlich an einer Blutvergiftung, bevor der Zug sein Ziel erreicht hatte. Der obige Bericht stammt offenbar von Anna Jaschke selbst, die den Transport irgendwie überlebte und sich nach dem Krieg in einer kleinen Stadt in Bayern niederließ.

Kurz vor der Fertigstellung dieses Buches stellte ein in Polen ansässiger Forscher, der mir bei einer Reihe von lokalen Recherchen geholfen hat, eine direkte Anfrage an die Archivabteilung des Theresienstädter Museums in der Tschechoslowakei. Es wurde bestätigt, dass Louis tatsächlich im Juli 1944 in Theresienstadt ermordet wurde. Wir wurden auf einen Eintrag in der zentralen Datenbank von Yad Vashem über die Opfer, die während der Shoah oder des Holocausts ermordet wurden, verwiesen. Diese Datenbank basiert auf umfangreichen Listen, die vom Deutschen Nationalarchiv für die Zeit von 1933 bis 1945 erstellt wurden. Louis ist tatsächlich in diesem Archiv gelistet. Alle Angaben zu seinem Geburtsdatum und -ort, seinem Wohnort und dem Datum der Verhaftung und der Transportnummer sind absolut korrekt. Der letzte Eintrag im Verzeichnis für Louis bestätigt, dass er am 23. Juli 1944 in Theresienstadt ermordet wurde. Den URL-Link zum entsprechenden Eintrag in der Datenbank von Yad Vashem ist im Abschnitt Referenzen am Ende des Buches zu finden.

Diese neuen Informationen über den Tod von Louis werfen natürlich die Frage auf, wie die ursprüngliche Geschichte von seinem Tod im Zug entstanden ist. Es gibt natürlich keine Möglichkeit, diese Frage so lange nach dem Ereignis mit Gewissheit zu beantworten. Wir können uns jedoch eine begründete Spekulation erlauben. Wir wissen, dass Anna mehr als 25 Jahre lang für Louis und Jenni gearbeitet hat und dass sie den beiden gegenüber immer absolut loyal war. Angesichts dieser Loyalität ist es also durchaus denkbar, dass sie sich freiwillig gemeldet hat, um Louis auf dem Transport von Oppeln nach Theresienstadt zu begleiten. Wir wissen auch, dass Anna den Krieg überlebte und sich später in Süddeutschland niederließ. Mir fällt es jedoch schwer zu glauben, dass eine nicht-jüdische Person in einem Zug mitfahren konnte, der Juden in ein Konzentrationslager transportierte, und dann, als der Zug sein Endziel erreicht hatte, einfach freigelassen wurde, indem sie sagte, sie sei keine Jüdin. Vielleicht hat Anna ihre Geschichte erfunden, um die Gefühle der Person zu schonen, mit der sie diesen Bericht über Louis' letzte Reise geteilt hat. Der andere Aspekt ihrer Geschichte, den ich ein wenig rätselhaft finde, bezieht sich auf Louis Böhms Gesundheitszustand. Wenn Louis, wie Anna berichtet, ein Stoma hatte, ist es höchst unwahrscheinlich, dass er mehr als ein paar Monate in Theresienstadt überlebt hätte, wo die Lebensbedingungen und der allgemeine Hygienestandard bekanntermaßen schrecklich waren. Wenn es tatsächlich der Fall ist, dass Louis im Juli 1944 ermordet wurde (und ich bin geneigt, den offiziellen Aufzeichnungen zu glauben), dann muss er bei einigermaßen guter Gesundheit gewesen sein. Das veranlasst mich, den Wahrheitsgehalt der Stomageschichte in Frage zu stellen.

Im Februar 1944 begann die SS mit einer so genannten Verschönerungsaktion, um das Ghetto Theresienstadt für einen wichtigen Besuch des Roten Kreuzes später im Jahr vorzubereiten. Das Hauptziel war natürlich, der Außenwelt vorzugaukeln, dass die Juden, die nach Theresienstadt "umgesiedelt" worden waren, ein glückliches und erfülltes Leben in einer angenehmen Umgebung führten. Viele prominente Häftlinge und dänische Juden wurden sogar in privaten, fast luxuriösen Quartieren untergebracht. In der Tat war es die dänische Regierung, die das Rote Kreuz gebeten hatte, das Lager zu inspizieren. Die Straßen wurden umbenannt und gesäubert, und es wurden Scheinläden und eine Schule eingerichtet. Die SS befahl den Häftlingen, immer häufiger an kulturellen Aktivitäten teilzunehmen, um den Eindruck zu erwecken, dass es im Lager immer viele interessante Dinge zu tun gab. Im Rahmen der umfangreichen Aufräumarbeiten wurden im

Mai jedoch 7.500 Menschen nach Auschwitz geschickt. Die Transporte bestanden hauptsächlich aus kranken, älteren und behinderten Menschen, die in dem, was die Deutschen als ideale jüdische Siedlung darzustellen hofften, keinen Platz gehabt hätten. Für die übrigen Häftlinge verbesserten sich die Bedingungen etwas. Laut einem Überlebenden

> War der Sommer 1944 die beste Zeit, die wir je in Theresienstadt hatten. An neue Transporte hat niemand gedacht.

Am 23. Juni 1944 wurden die Rot-Kreuz-Besucher auf einem Rundgang durch das "Potemkinsche Dorf"geführt. Es war vorhersehbar, dass die Besucher nichts Besorgnis erregendes bemerkten. Der IKRK-Vertreter, Maurice Rossel, berichtete später, dass, soweit es ihn betraf, niemand aus Theresienstadt deportiert worden war. Rabbi Leo Baeck, ein bekannter geistiger Führer im Ghetto, erinnert sich: "Die Wirkung auf unsere Moral war verheerend. Wir fühlten uns alle vergessen und aufgegeben." Im August und September wurde ein Propagandafilm gedreht, der unter dem Titel "*Der Führer schenkt den Juden eine Stadt*" bekannt wurde, aber nie öffentlich aufgeführt worden ist. Angesichts der Ungereimtheiten in der Geschichte von Anna Jaschke und der Tatsache, dass es zum Zeitpunkt der Niederschrift keine alternative Erklärung gab, müssen wir wohl jetzt akzeptieren, dass Louis am 23. Juli 1944 in Theresienstadt getötet wurde.

ENDLICH FRIEDEN UND EIN NEUES LEBEN

Nach fast zweijähriger Internierung wurde Ruth Böhm schließlich am 10. März 1942 aus dem Lager Rushen auf der Isle of Man entlassen. Aus ihren Entlassungspapieren geht hervor, dass sie nach Salford im Norden Englands geschickt wurde, um dort zu leben und zu arbeiten. Dort gab es zu dieser Zeit sehr viel Schwerindustrie. Sie blieb jedoch nicht lange in Salford. Im August desselben Jahres hatte sie beschlossen, nach Harrogate in Yorkshire zu ziehen. Ich glaube, dass an ihre Freilassung zwei Bedingungen geknüpft waren. Erstens wurde von ihr erwartet, dass sie einen Beitrag zu den Kriegsanstrengungen leistete, was in ihrem Fall bedeutete, in einer Flugzeugmontagefabrik zu arbeiten. Zweitens wurde von ihr erwartet, ihren kleinen Sohn Peter, der damals gerade 18 Monate alt war, jede Woche von Montag bis Freitag in Pflege zu geben, während sie eine Ausbildung machte und als Maschinenführerin arbeitete. Gezwungen zu sein, ihr Kind zwei Jahre lang jede Woche in die Arme von Fremden abzugeben, muss für Ruth zutiefst traumatisierend gewesen sein, da ihr Sohn seit seiner Geburt kaum von ihrer Seite gewichen war. Offensichtlich war dies auch für Peter eine erschütternde Erfahrung. Bis zum heutigen Tag glaubt er, dass diese lange Zeit, in der er immer wieder seiner Mutter weggenommen wurde, ihn wahrscheinlich für sein ganzes Leben geprägt hat. Dies war auch die Zeit, in der Ruth den allerletzten Brief von ihrer Mutter Clara erhielt, die zwei Monate später starb. Zu diesem Zeitpunkt hatte Clara wahrscheinlich schon begriffen, dass sie keine ihrer beiden Töchter je wiedersehen und ihren Enkel Peter nie in die Arme schließen würde.

Die Sehnsucht, die ich empfinde, ist unbeschreiblich. Deshalb bin ich glücklich, dass Ihr, Du und das Kind, gesund seid. Und ich tröste mich mit dem Gedanken, Ruth, dass Du eine so liebevolle Mutter geworden bist. Es schmerzt mich so sehr, dass ich nicht da sein kann, um die Freude an Deinem Kind zu teilen. Als Du in dem Alter warst, sahst Du genauso aus wie der kleine Peter. Ich würde ihn so gerne sehen.

Trotz ihrer Unzulänglichkeiten konnte meine Mutter sehr hart sein, wenn die Umstände es erforderten. Bis heute bin ich voller Bewunderung für die Stärke, die Entschlossenheit und den schieren Willen zum Weitermachen, Eigenschaften, die sie in dieser sehr schwierigen Zeit in ihrem Leben bei sich entdeckt haben muss. Sie war eine junge Frau, ganz allein mit einem kleinen Kind in einem fremden Land, dessen Sprache und Sitten der Menschen um sie herum sie noch nicht ganz verstand. Aber irgendwie überlebte sie. Trotz der unmöglichen widrigen Umstände war sie, so glaube ich, Peter eine gute Mutter.

Im folgenden Jahr scheint Ruth auf die andere Seite der Pennines (Bergkette in Nordengland) gezogen zu sein. 1943 lebte sie in Leeds, Yorkshire. Wir müssen davon ausgehen, dass sie immer noch arbeitete, da dies eine strikte Bedingung für ihre Entlassung aus der Internierung gewesen war. Es gab auch einen neuen Mann in ihrem Leben. Aus Briefen, die meine Mutter nach ihrem Tod hinterließ, geht hervor, dass sie irgendwann Ende 1943 oder Anfang 1944 eine Affäre mit einem Mann namens Harold Storey hatte, der als Gutsverwalter für den Earl of Harewood auf seinem riesigen Landsitz in der Nähe von Leeds arbeitete. Harold Storey war auch der Wirt des Harewood Arms Pub und ein versierter Organist. Er unterhielt oft einen engen Freundeskreis in der Privatkirche auf dem Anwesen, wenn er den Pub geschlossen hatte. Wir glauben, dass sich das Paar wahrscheinlich bei einer Wohltätigkeitsveranstaltung zu Gunsten jüdischer Flüchtlinge kennengelernt hat. Wir wissen jedoch nicht, wie lange die Affäre dauerte. Sie wurde offensichtlich durch die Tatsache erschwert, dass Harold bereits verheiratet war und Kinder hatte. Trotzdem denke ich, dass es eine intensive Liebesbeziehung gewesen sein muss. Ruth hat bis zu ihrem Tod eine handgeschriebene Ansichtskarte aufbewahrt, die Harold ihr geschickt hatte, nachdem sie nicht mehr zusammen waren. Das Bild auf der Vorderseite der Postkarte zeigt die Harewood-Kirche, die auf dem Gelände des Harewood-Anwesens stand und als privates Gotteshaus für die Öffentlichkeit unzugänglich gewesen war. Es ist anzunehmen, dass das der perfekte Ort für ein heimliches Treffen der beiden gewesen ist. Als vertrauenswürdiger Angestellter des Anwesens hat Harold sicherlich ungehinderten Zugang zu dem Gebäude gehabt, das letztendlich in den frühen 1970er Jahren als Kirche außer Betrieb genommen wurde. Die kurze Nachricht auf der Rückseite dieser Postkarte gibt, wie ich finde, einen berührenden Einblick in das, was eine leidenschaftliche und spirituelle Liaison gewesen sein muss:

In liebevoller und wunderbarer Erinnerung an den glücklichsten Tag - den 14. Juni 1943 – den Tag Deines Besuchs. Du wirst erkennen, wo wir zusammen gebetet haben. Bewahre dieses Kärtchen auf, Ruth, Liebling - mit der Zeit wird es helfen, die schönen Erinnerungen an diesen perfekten, himmlischen Tag frisch zu halten. Gott segne Dich, Harold.

Aber nach ein paar Monaten war alles vorbei. In einem ergreifenden letzten Brief an Ruth, der im Juli 1945 geschrieben wurde, einige Zeit nachdem die Affäre beendet war, sagt Harold:

Ich stimme mit Deiner Entscheidung über uns überein. Aber zu dem Zeitpunkt war es schwierig für mich, sie zu akzeptieren. Ich lebe jetzt zu Hause mit meiner Frau und meinen Kindern und tue alles, was ich kann, um sie glücklich zu machen. Ich werde die Monate, die wir zusammen waren, nie vergessen und ich weiß, dass es Dir ebenso geht. Das Leben ist schwierig, aber ich bin froh, dass Du es nicht bereut hast, mich kennengelernt zu haben.

Dieser Brief scheint zu bestätigen, dass die beiden tatsächlich eine Zeit lang ein Paar waren. Harold hat vielleicht sogar seine Frau verlassen, ist dann aber wieder zu ihr zurückgekehrt. Ich glaube, dass der Hauptgrund für Ruths Entscheidung, die Affäre zu beenden, darin bestand, dass sie von Harolds Frau zur Rede gestellt wurde, nachdem diese von der Untreue ihres Mannes erfahren hatte. Sie drohte damit, Ruth bei der Polizei anzuzeigen. Sie hat Ruth wohl gesagt, dass sie, weil sie Jüdin und eine feindliche Ausländerin sei, mit ziemlicher Sicherheit nach Deutschland zurückgeschickt werden würde. Dort würden ihr bestimmt schreckliche Dinge zustoßen. Meine Mutter war zu dieser Zeit zweifellos sehr naiv und hat diese völlig frei erfundene Warnung sicherlich für wahr gehalten. Aus diesem Grund beschloss sie, die Gegend sofort zu verlassen.

Es ist nicht genau bekannt, wie Ruth es schaffte, nach Ende der Affäre mit Harold in Südwales zu landen. Aber wir wissen, dass sie auf jeden Fall in der Gegend von Cardiff war und als Haushaltshilfe arbeitete, bevor der Krieg Anfang September 1945 endete. Es könnte sein, dass sie auf eine Stellenanzeige geantwortet hat. Vielleicht kannte sie jemanden innerhalb des jüdischen Netzwerks, das im Norden Englands besonders stark war und immer noch ist, oder jemanden, der über Beziehungen verfügte und ihr beim Umzug half. In ganz Großbritannien entstanden nach Kriegsende zahlreiche informelle jüdische Netzwerke, um den Tausenden von Flüchtlingen zu helfen, die im Land gestrandet waren und nicht in ihre Heimat zurückkehren konnten. Ein solches Netzwerk, das besonders aktiv war, befand sich in der Stadt Merthyr Tydfil, wo seit den 1820er Jahren eine jüdische Gemeinde existierte. Es ist möglich, dass Ruth sich entschloss, nach Südwales zu ziehen, weil sie entweder jemanden in dieser Gegend kannte oder über ihr

Netzwerk dort jemandem empfohlen worden war. Aber ich glaube, dass es tatsächlich in der Stadt Cardiff war, die nur 20 Meilen südlich von Merthyr Tydfil liegt, wo sie meinen Vater, George Vincent, zum ersten Mal traf.

Er hatte viele Jahre als Bergmann im Kohlebergbau gearbeitet, welcher zu dieser Zeit die Hauptindustrie in Südwales war. Nachdem er jedoch bei einem Unfall während der Arbeit unter Tage zwei Finger verloren hatte, erhielt er vom National Coal Board eine Entschädigung. Mit diesem Geld kaufte er eine baufällige Hütte auf einem kleinen Grundstück an einem kahlen Hang in Pennybank, Fochriw, das in der Nähe der Stadt Bargoed liegt. Da er schon immer ein gutes handwerkliches Geschick hatte, gelang es ihm offenbar, die Hütte in ein gemütliches kleines Heim zu verwandeln, das er später "Dan-y-Bryn" nannte. Seine Eltern lebten zu dieser Zeit in Cardiff. Das erklärt wahrscheinlich, warum George auch dort war. Ich glaube, dass er auf der Suche nach einer Haushälterin war, da er allein lebte. Vielleicht hatte er die Stelle sogar ausgeschrieben. Es ist also möglich, dass Ruth auf diese Anzeige geantwortet hat. Wir werden es nie mit Sicherheit wissen. Sie war jedoch bereit, mit George in Pennybank zu leben, zunächst als seine Haushälterin.

Aber da mein Vater schon immer, besonders in jungen Jahren, ein Frauenheld gewesen ist, geschah das Unvermeidliche. Ruths Rolle änderte sich schnell von der einer Haushälterin zur Geliebten. Zu dieser Zeit war George immer noch verheiratet, aber von seiner dritten Frau Maud getrennt. Sie hatte sich geweigert, ihm die Scheidung zu gewähren. Nur ein Jahr später wurde mein älterer Bruder Mervyn gezeugt.

George, Ruth, Peter und Mervyn, 1947

Zu diesem Zeitpunkt hatte Ruth offensichtlich entschieden, dass es für sie als ausländische Frau mit zwei kleinen Kindern am besten war, George zu heiraten, obwohl er 28 Jahre älter war als sie. In einem Brief, der im Juli 1946 an Ruth geschickt wurde, schreibt ihre Tante Erna Heymann:

> *Es war eine große Überraschung zu hören, dass Du heiraten wirst, besonders in jungen Jahren. Ich bin sehr, sehr froh, Liebling, denn meine größte Sorge war immer, dass ich Dir und Peter vielleicht helfen muss. Du hast mir nur geschrieben, dass Dein zukünftiger Mann George heißt und Monteur ist. Wie auch immer, ich wünsche Dir alles Glück der Welt. Du wirst mit ihm in Australien gut zurechtkommen, da Du mit einem britischen Staatsangehörigen zusammen sein wirst, so dass es für Dich einfach sein wird, auszuwandern, da sie dort Briten haben wollen.*

Der obige Auszug aus Ernas Brief scheint darauf hinzudeuten, dass Ruth die Absicht hatte, mit George nach Australien auszuwandern, um sich dem Rest ihrer Familie anzuschließen. Erna hatte natürlich Recht, wenn sie sagt, dass die Heirat mit einem britischen Staatsbürger die Auswanderung viel einfacher gemacht hätte. Aber es ist fraglich, ob mein Vater jemals ernsthaft in Erwägung gezogen hat, nach Australien auszuwandern. Er hatte bereits eine erwachsene Tochter von seiner zweiten Frau und ging bereits auf die sechzig zu. Vielleicht wollte er Ruth den Eindruck vermitteln, dass er ernsthaft über eine Auswanderung nachdachte, nur um sie zu beschwichtigen. Im Juni 1946 erhielt Ruth einen Brief von ihrem Vater Arthur aus Manila, der ebenfalls eine eindeutige Meinung hatte, wen sie heiraten sollte.

Ich möchte Dir meine ehrliche Meinung sagen, wie Du Deine eigene Zukunft meistern könntest, entweder indem Du einen guten Mann heiratest oder indem Du nach Australien gehst. Ich weiß nicht, wer Dir vorschwebt, aber wenn es ein Mann ist, der 1. in guten wirtschaftlichen Verhältnissen lebt - das heißt, dass er ein eigenes Grundstück und einen sicheren Arbeitsplatz für einige Jahre hat, 2. einen guten Ruf und einen ehrlichen Charakter hat, 3. vom Aussehen her zu Dir passt und nicht älter als 45 Jahre ist, dann ist das die Art von Mann, den Du als Frau mit einem Kind heiraten solltest. Natürlich wäre das Leben in Australien auch attraktiv wegen des schönen Klimas und der Tatsache, dass Du mit Deinem Vater und Deinen Verwandten wiedervereint wärst. Aber um Deinetwillen und um Peters willen ist es jetzt an Dir, zu entscheiden, was Du tun willst. Aber ich habe Dir trotzdem meinen väterlichen Rat gegeben. Ich erwarte, dass ich Einzelheiten über den Mann erfahre, den Du zu heiraten gedenkst. Danach werde ich Dir meine endgültige Meinung sagen.

Ich denke, man kann mit Fug und Recht behaupten, dass mein Vater kläglich daran gescheitert wäre, irgendeines der Kriterien zu erfüllen, die Arthur in dem obigen Brief erhebt. Ruth schien ohnehin immer ihre Mutter zu bevorzugen, so dass es kaum verwunderlich ist, dass sie sich entschloss, seinen Rat völlig zu ignorieren. Sie und George heirateten schliesslich im Juli 1949.

IN SICHERHEIT UND NEUBEGINN

Während Ruth sich mit George Vincent an einem trostlosen Berghang in Südwales niederließ, bauten sich die Schweigers und die Böhms auf der anderen Seite der Welt in Australien ein neues Leben auf. Ein Brief, den Ruth von ihrem Cousin Gary Schweiger im Juli 1946 erhielt, gibt uns einen kurzen Einblick, wie gut es diesem Zweig der Familie in der Neuen Welt ging:

> *Wir werden in der Regel von Henry, der noch in der Armee ist und natürlich darauf brennt herauszukommen, über Dein Leben auf dem Laufenden gehalten. Es sollte jetzt nicht mehr lange dauern. Onkel George ist glücklich hier in Sydney, also hat wenigstens einer in der Familie wieder Anschluss gefunden. Wie geht es Deinem kleinen Sohn? Das australische Klima würde ihm sehr gut tun. Vielleicht könntest Du es ihm ermöglichen, in nicht allzu ferner Zukunft hierher zu kommen ... Wir erwarten Deinen Vater in Kürze. Er wartet nur auf ein Schiff. Es wird nicht leicht für ihn sein, neu anzufangen, aber er fühlt sich noch jung genug, denke ich.*

Ruth hatte immer ein enges Verhältnis zu all ihren Cousins und Cousinen, aber mit Henry schien sie eine besondere Beziehung zu haben, so dass wir davon ausgehen können, dass sie auch in der schwierigen Nachkriegszeit in regelmäßigem Kontakt zueinander standen. Es ist eine eine seltsame Ironie, dass sich viele Jahre später, als sie nicht mehr in Kontakt waren, Henry entschied, einer seiner Töchter Wendy Ruth zu nennen, und Ruth nannte einen ihrer Söhne Kenneth Henry.

Arthur kam schließlich im Herbst 1946 in Sydney an und wurde am Kai von Steffis Ehemann, Walter Freeman, empfangen. Offenbar stolzierte Arthur den Landungssteg hinunter, makellos gekleidet wie immer. Seine ersten Worte an Walter waren wie folgt: "Wo kann ich in dieser Stadt eine gute Frau finden?" Tatsächlich fand er in der Person einer gewissen Mrs. Pengelly recht schnell eine gute Frau. Als 61-jähriger Mann war es sicher nicht einfach, ein neues Leben in einem neuen Land zu beginnen. Drei Jahre später scheint es bereits zu Spannungen zwischen Arthur und den Schweigers gekommen zu sei. Es ist verständlich, dass es ihm nicht so leicht gefallen ist, sich an die australische Lebensweise anzupassen. In einem Brief an Ruth, geschrieben im November 1949, hält er sich nicht zurück, seine Ansichten über seine Großfamilie zu äußern:

Ich möchte nicht voreilig gratulieren, bevor Du mir die Neuigkeit selbst mitteilst (vermutlich über die Geburt meines Bruders Robert, der am 23. Oktober 1949 auf die Welt kam). Aber dann werde ich mich sehr freuen. Gary Schweiger ist vor kurzem Vater geworden - eines Mädchens - Mutter und Kind sind wohlauf, aber die Geburt war schwer. Gary hat ein Schuhgeschäft in Cooma gekauft - 300 Meilen von Sydney entfernt und es geht ihm gut und er verdient jetzt doppelt so viel wie sein Vater. Kate hat ein gutes Leben, und jeden Samstag geht sie auf eine lange Fahrt in ihrem neuen Ford Prefect - aber ohne mich. Es heißt, alte Freunde haben Vorrang. So muss ich eben meinen eigenen Weg gehen und meine Freude an der Natur finden. Ich habe noch nie ein so ruhiges Leben geführt, aber man kann sich an alles gewöhnen. Es ist unmöglich, mit diesen Australiern zu kommunizieren. Diese Leute wollen das nicht. Die Leute freunden sich mit dir an und sagen: 'Hallo, schöner Tag heute, nicht wahr? Gehst du zum Rennen? Viel Glück.' ... und das ist alles. Selbst in der Werkskantine kann man beobachten, wie sich die Leute von Ausländern distanzieren. Ich muss immer alleine sitzen, aber das Essen schmeckt trotzdem gut.

In diesem Brief ist Arthurs Neid und Enttäuschung darüber, dass es anderen Familienmitgliedern viel besser ging als ihm, nicht zu überhören. Obwohl er nicht als Zahnarzt praktizieren konnte, hatte George es geschafft, ein erfolgreiches Zahnlabor in Sydney zu eröffnen, während Kate und Henry ihr florierendes Schuhgeschäft in Maroubra ausbauten. Doch drei Jahre nach seiner Ankunft in Sydney arbeitete Arthur immer noch in einer Fabrik und hatte offenbar große Schwierigkeiten, Freunde zu finden und sich einzufügen.

Henry Schweiger vor seinem Geschäft in Maroubra

In einem Brief, den Arthur im November 1952 geschrieben hat, spricht er erneut recht abfällig über die Schweigers.

Onkel George geht es gut und er arbeitet hart. Er hat eine Praxis in der Stadt, und Fanny (Georges zweite Frau) arbeitet als Buchhalterin in einer Regierungsstelle. Ich sehe ihn fast jede Woche. Die Schweigers sehe ich selten, da ich Henry nicht wirklich mag. Er ist kein Freund unserer Familie. Von Onkel Walter habe ich seit zwei Jahren nichts mehr gehört. Ich habe ihm ziemlich oft geschrieben, aber nie eine Antwort bekommen.

Bis zum Ende des Zweiten Weltkriegs 1945 hatte die Hitler-Diktatur sowohl die erste als auch die zweite Generation der Familie Böhm schwer gezeichnet. Innerhalb von nur vier Jahren starben neben Louis und Jenni auch der Sohn Siegbert und die Schwiegertöchter Clara und Elfriede. Doch es gab auch eine gute Nachricht. Zwei Hochzeiten in Australien zwischen 1944 und 1948 signalisierten die Erweiterung der dritten Generation der Familie Böhm. Gary heiratete Joyce Watson, seine Schwester Steffi heiratete Walter Friedlander (Freeman). 1947 wurde Steffis und Walters Tochter Susan geboren. Garys und Joyces erstes Kind, Katryn, wurde 1949 geboren. Etwa zur gleichen Zeit konnten Henry und Kate ihr eigenes Haus in Maroubra Bay kaufen. Nach der Scheidung Ilses von Ze'ef Yoffe im Jahr 1938 feierten Ilse und ihr zweiter Ehemann, Günther Hirsch 1945 in Palästina die Geburt ihres Sohnes Ronny.

Gary Schweiger und Joyce Watson

Zwei Jahre später zog die Familie Hirsch in eine kleine Wohnung in Kiryat Eliyahu, Haifa. Günther arbeitete zu dieser Zeit als Küchenchef bei der israelischen Reederei Zim und musste lange Zeit auf See verbringen. Ronny genoss eine normale Kindheit bis 1956, als der Sinai-Krieg ausbrach, was dazu führte, dass die Familie lange Zeit in einem Bunker verbringen musste. Nach dieser traumatischen Erfahrung entwickelte Ronny offenbar ein Stottern, das ihn noch einige Zeit begleiten sollte. Nach vielem Zureden von Arthur, der jahrelang darauf bestanden hatte, der Familie regelmäßig die Stellenanzeigen des *Sydney Morning Herald* zu schicken, um sie zu überreden, nach Australien zu kommen, gaben Günther und Ilse schließlich nach. Sie wanderten zusammen mit ihrem Sohn Ronny im Mai 1957 aus. Tamar und Gidon, die beide zu dieser Zeit in der Armee waren, blieben jedoch in Israel.

Ich glaube, dass meine Mutter Ruth noch in den frühen 1950er Jahren den Wunsch hatte, nach Australien auszuwandern, um endlich wieder mit dem Rest der Familie Böhm vereint zu sein. 1952 hatte sie jedoch bereits drei Söhne von George (Mervyn, Robert und mich), so dass sie nun eine Mutter mit vier Söhnen war. Wie bereits erwähnt, glaube ich nicht, dass mein Vater die Absicht oder den Wunsch hatte, nach Australien zu gehen. Da er nun selbst drei Söhne hatte, hätte er Ruth einfach nicht erlaubt, allein mit den Kindern zu gehen. Ich glaube, dass für meine Mutter dieser Weg nun endgültig verschlossen war. Tatsächlich sollte sie bis zu ihrem Tod im Jahr 1977 im Alter von 59 Jahren in Großbritannien bleiben. Aber Ruth schaffte es, eine sporadische Korrespondenz mit ihrem Vater Arthur bis 1954 aufrechtzuerhalten. In diesem Jahr geschah jedoch etwas, das dazu führte, dass sie ihn für immer aus ihrem Leben ausschloss.

Arthur konnte schon als junger Mann außerordentlich schlecht mit Geld umgehen. Jetzt, wo er sich dem Alter von 65 Jahren näherte, hatte sich dieser Aspekt seines Verhaltens offenbar nicht geändert. In praktisch jedem seiner Briefe beklagt er sich darüber, nicht genug Geld zu haben. Oder er spricht über irgendeinen Plan zum Geldverdienen, den er sich ausgedacht hatte, um seine finanzielle Situation zu verbessern.

Nach dem Ende des Zweiten Weltkriegs gründete die deutsche Regierung eine Organisation, deren Aufgabe es war, Überlebende des Krieges zu entschädigen, die durch ihre Erlebnisse körperlich oder seelisch geschädigt worden waren (*Reichsbund der Kriegsbeschädigten*). 1954 beschloss Arthur, einen Antrag zu stellen, weil er durch den Tod seiner Frau während des Holocausts seelisch geschädigt worden war. Er beauftragte einen Anwalt in Hamburg, der den Fall in seinem Namen bearbeiten sollte. Er benötigte drei wichtige Dokumente, bevor sein Anspruch auf finanzielle Entschädigung in Betracht gezogen werden konnte. Er wurde aufgefordert, eine Sterbeurkunde für Clara vorzulegen, zusammen mit unterschriebenen Erklärungen seiner beiden Töchter, die vermutlich seine Behauptung bestätigen sollten, dass sie seit 1942 nichts mehr von ihrer Mutter gehört hatten. In einem Brief, der im August 1954 geschrieben wurde, legte er Einspruch ein:

> *Bezüglich meines Anspruches auf wirtschaftlichen Schaden bei der Restitutionsstelle in Mainz . Sie möchten nun von meinen Kindern bezeugt bekommen, dass sie seit 1942, als die Gestapo sie aus unserem Haus in der Kronprinzenstraße 11 wegholte, nichts mehr von Clara gehört haben. Ich schicke Dir anbei eine Zeugenaussage, die Du bitte unterschreiben musst - es ist nicht nötig, dass der Name von einem Anwalt beglaubigt wird. Dasselbe muß ich von Ilse bekommen. Es ist nicht so leicht, Geld von der deutschen Regierung zu bekommen, aber ich als Kriegsgeschädigter habe Vorrang. Außerdem macht mein Alter meinen Fall dringend. Ich bin jetzt ein 69-jähriger Invalidenrentner.*

Für Ruth war das der Tropfen, der das Fass zum Überlaufen brachte. Sie hatte immer geglaubt, dass Clara gestorben war, weil Arthur sie und ihre Mutter 1939 einfach im Stich gelassen und beschlossen hatte, sich zu retten und das Land buchstäblich über Nacht verlassen hatte. Nun bat ihr Vater sie um Hilfe, um unter Ausnutzung von Claras Tod Geld von der deutschen Regierung zu bekommen. Sie antwortete nie auf den Brief. Soweit ich weiß, hatte sie zeitlebens keinen weiteren Kontakt zu ihm, obwohl Arthur ihr im Februar 1960 noch einmal schrieb, um ihr einfach alles Gute zum Geburtstag zu wünschen. Es ist möglich, dass Ilse ihre Aussage tatsächlich an Arthur geschickt hat, da sie ihn immer sehr unterstützt hat und ihm wahrscheinlich gerne bei seiner Forderung geholfen hat. Allerdings stand er noch vor einem anderen Problem. Eine Recherche, die ich im Rahmen der Vorbereitung dieses Buches durchgeführt habe, brachte das Originaldokument vom August 1954 zum Vorschein, in dem eine Sterbeurkunde für Clara Böhm beantragt wurde. Aber die offizielle Antwort der Zentralverwaltung in Berlin besagt, dass eine Sterbeurkunde nicht ausgestellt werden konnte, weil kein Todesnachweis für Clara vorlag. Meines Wissens hat Arthur daher nie zusätzliches Geld von der deutschen Regierung erhalten, obwohl er weiterhin seine deutsche Grundrente von sieben Pfund und 13 Schilling bezog. Diese ganze Angelegenheit hat ihn wahrscheinlich sehr viel Geld gekostet, und er hat dabei eine Tochter verloren.

Das Jahr 1954 war auch von einem weiteren wichtigen Ereignis geprägt, das hier erwähnt werden soll. Ilse besuchte zusammen mit ihrem zweiten Mann Günther Hirsch und ihrem kleinen Sohn Ronny im Juli jenes Jahres Europa. Neben Reisen nach Holland und Deutschland fuhren sie auch nach Südwales, um Ruth, George und ihre vier Kinder zu besuchen, die nun in Newbridge, Monmouthshire, lebten. Die beiden Schwestern hatten sich 20 Jahre lang nicht gesehen (Ilse war 1934 nach Palästina ausgewandert) und hatten in dieser Zeit praktisch keinen Kontakt gehabt. Sie hatten sich in Nordengland niedergelassen, weil Günther zu dieser Zeit für eine Reederei arbeitete und es vermutlich geschafft hatte, der Familie eine kostenlose Passage nach Großbritannien an Bord eines Schiffes zu verschaffen, das im Hafen von Middlesborough angedockt hatte. In einem Brief an Ruth, der während des Aufenthalts von Ilse und ihrer Familie in Europa geschrieben wurde, skizziert Ilse ihre Reisepläne.

Wir werden in etwa zwei Wochen in London sein, und dann werden wir Euch auf jeden Fall besuchen. Wir werden nur für zwei Tage dort sein, aber es wird schneller sein, Euch von dort aus zu erreichen als von Middlesborough. Ihr könnt mir auf Englisch schreiben, wenn das für Euch einfacher ist. Ich kann einigermaßen gut Englisch verstehen und sprechen, aber ich kann es nicht fehlerfrei schreiben. Ich spreche

> *Deutsch nur mit meinem Mann und Hebräisch mit meinen Kindern. Das mag für Euch komisch klingen, aber Israel ist so ein fremdes Land, und obwohl ich seit 20 Jahren dort lebe, habe ich mich nie richtig eingelebt.*

Es ist interessant, dass Ilse erwähnt, dass sie sich in Israel nie wirklich zu Hause gefühlt hat. Tatsächlich wanderten Ilse, Günther und Ronny nur drei Jahre später, wie oben erwähnt, nach Australien aus, um sich dem Rest der Familie anzuschließen. Ilses Tochter, Tamar, blieb jedoch zurück und verließ Israel erst 1974. Ich habe eine vage Erinnerung an Ilses Besuch in unserem Haus in Newbridge im Jahr 1954, obwohl ich damals erst etwa drei Jahre alt war. Ich erinnere mich daran, dass ich Ronny kennenlernte und viele Geschenke erhielt, die in hübsche kleine Päckchen verpackt waren. Viele Jahre später, als ich in Sydney lebte, erzählte Ilse kurz von ihrem Besuch in Südwales. Sie sagte, dass sie schockiert und traurig war, ihre Schwester in solcher Armut leben zu sehen, was ihrer Meinung nach im krassen Gegensatz zu der großzügigen Umgebung stand, an die sie als Kinder gewöhnt gewesen waren. Es besteht kein Zweifel, dass wir eine arme Familie waren, denn wir lebten in einem von der Sozialabteilung der Kommune zur Verfügung gestellten Haus in einer großen Arbeitersiedlung in dieser strukturschwachen Gegend von Wales, in der praktisch jeder Mann im arbeitsfähigen Alter in den Kohleminen beschäftigt war. Ich habe oft darüber nachgedacht, dass meine Mutter, wenn sie nach dem Ende des Zweiten Weltkriegs nach Australien gegangen wäre, um sich dem Rest ihrer Familie anzuschließen, ein glücklicheres Leben ohne große Geldsorgen genossen hätte als die verarmte Existenz, die sie schließlich führte. Eines der letzten Dinge, die sie sagte, als sie im Krankenhaus im Sterben lag, war: "Ich hatte nie viel Glück in meinem Leben".

Ich möchte nun kurz auf das Thema Arthur und seinen Antrag auf Entschädigung durch die deutsche Regierung zurückkommen. Wie bereits erwähnt, schrieb er am 19. August 1954 an Ilse und Ruth und bat um ihre Hilfe bei der Unterstützung seines Antrags. Als Ruth und Ilse sich im Vormonat in Südwales trafen - wahrscheinlich um den 23. Juli, nach dem obigen Auszug aus Ilses Brief zu urteilen - wussten sie noch nichts von Arthurs Antrag. Ich glaube nicht, dass meine Mutter und Ilse nach ihrem Wiedersehen weiteren Kontakt zueinander hatten, was ich seltsam finde, da sie sich nach 20 Jahren Schweigen gerade erst wiedergefunden hatten. Ich glaube, der Grund dafür war, dass sie sich im folgenden Monat zerstritten haben, nachdem sie sich über Arthurs Entschädigungsforderung nicht einig waren. Tatsächlich gab es, soweit ich weiß, keinen weiteren Kontakt mehr, bis es Ruth schließlich 1976 gelang, ihre Schwester über das Rote Kreuz ausfindig zu machen, nur ein Jahr bevor Ruth starb.

Bis 1955 ging es den meisten Mitgliedern des australischen Zweigs der Familie Böhm gut (außer Arthur natürlich). In den zehn Jahren, die seit dem Ende des Zweiten Weltkriegs vergangen waren, hatten die meisten von ihnen neue Familien gegründet, neue Karrieren begonnen und Häuser gekauft. Sie genossen zweifellos ihr neues Leben in dem Land, das zu dieser Zeit oft als "das Land des Überflusses" bezeichnet worden ist. Doch dann wurde die Familie erneut von einer Tragödie heimgesucht, als am 8. August desselben Jahres Kates Ehemann Henry Schweiger plötzlich starb. Nur vier Monate später starb auch ihre Tochter Steffi. Offenbar war Steffi schon als Kind kränklich gewesen und hatte fast ihr ganzes Leben lang an gesundheitlichen Problemen gelitten. Sie wurde nur 31 Jahre alt und starb letzendlich an Brustkrebs. Zuvor hatte sie sich einer teilweisen Mastektomie unterzogen. Als der Familie mitgeteilt wurde, dass ihr die zweite Brust entfernt werden müsse und sie nicht mehr lange zu leben habe, erlitt Henry offenbar einen tödlichen Herzinfarkt. Für Kate muss es ein schrecklicher Schlag gewesen sein, sowohl ihren Mann als auch ihre Tochter innerhalb eines so kurzen Zeitraums zu verlieren. Sie hatte bereits den Verlust ihrer beiden Eltern, eines ihrer Brüder und ihrer Schwägerin während des Holocausts zu beklagen. Aber sie hatte noch ihre Brüder George und Arthur, ihren Sohn Gary und nicht weniger als fünf Enkelkinder zu dieser Zeit. Wir können davon ausgehen, dass dies ein kleiner Trost für sie gewesen sein muss. Es ist nicht klar, ob sie noch Kontakt zu ihrem anderen verbliebenen Bruder Walter und seiner Tochter Margot und deren Mann hatte, die sich in Lima niedergelassen hatten.

Der Verlust seiner Frau Steffi unter solch tragischen Umständen muss auch Walter zutiefst erschüttert haben. Das Paar war gerade einmal elf Jahre zusammen gewesen. Er sah sich nun mit der Aussicht konfrontiert, zwei kleine Kinder ohne ihre Mutter großziehen zu müssen. Kate sprang jedoch schnell ein, um zu helfen, wo sie konnte, und wurde fast wie eine zweite Mutter für ihre Enkel Susan und Stephen, obwohl sie immer noch um den Verlust ihrer Tochter und ihres Mannes trauerte. Kurz nach ihrer Ankunft aus Israel im Jahr 1957 zogen Ilse, Günther und Ronny in Kates Haus in Maroubra Beach, Sydney, wo auch Walter mit seinen beiden kleinen Kindern lebte. Aber nur wenige Monate später trennten sich Ilse und Günther. Walter, Ilse und die Kinder zogen aus Kates Haus aus und richteten sich in einer Wohnung in der Nähe ein. Ilse und Günther wurden 1963 geschieden, und im Januar des folgenden Jahres heirateten Ilse und Walter.

Wir haben nun, soweit es möglich war, die Geschichte der ersten, zweiten und dritten Generation der Familie Böhm rekonstruiert, beginnend im Jahr 1860 und bis zur Mitte der 1950er Jahre. Obwohl sie an einigen Stellen eindeutig unvollständig ist, glaube ich, dass die obige Darstellung uns zumindest einen gewissen Einblick in das gibt, was die Familie während des Holocausts und der Nachkriegszeit erlebte und was sie zu einigen ihrer Entscheidungen motivierte. Natürlich liegt das Hauptaugenmerk in der obigen Erzählung auf der Flucht, dem Überleben und dem Vorankommen der Familie auf dem Weg zu einem besseren Leben in einem anderen Land. Die Böhms waren jüdische Emigranten, die gezwungen waren, vor einem faschistischen Regime zu fliehen, in dem sie als rechtlose Staatsbürger verunglimpft wurden. Sie wären zweifellos noch mehr Verfolgung, Demütigung und wahrscheinlich dem Tod ausgesetzt gewesen, wenn sie sich entschieden hätten, in ihrem Geburtsland zu bleiben. Wir sollten jedoch nicht vergessen, warum die Böhms gezwungen waren, Deutschland den Rücken zu kehren, und warum sie die schwierige Entscheidung trafen, Deutschland für immer zu verlassen.

Jedes Mitglied der Familie ist in Oberschlesien geboren und aufgewachsen. Oberschlesien war die östlichste Region Deutschlands bis 1945, als die Grenzen geändert wurden. Durch die unmittelbare Nähe zu Osteuropa war Schlesien immer ein einzigartiger Teil Deutschlands mit eigenem Dialekt, mit Sitten und Gebräuchen, einer ethnischen Mischung und eigenen Traditionen. Es besteht kaum ein Zweifel daran, dass jedes Mitglied der Familie Böhm, das gezwungen war, seine Heimat zu verlassen, dies mit schwerem Herzen und einem Gefühl tiefen Bedauerns getan hat.

Bisher haben wir uns hauptsächlich darauf konzentriert, was die Familie dadurch gewonnen hat, dass sie ihre Heimat verlassen und in einem anderen Land einen Neuanfang gemacht hat. Ich glaube jedoch, dass wir uns jetzt damit beschäftigen müssen, was die Familie durch die erzwungene Emigration aus dem Land ihrer Väter tatsächlich aufgeben musste. Wir werden uns auch mit den schrecklichen Ereignissen beschäftigen, die diesen Teil Oberschlesiens Anfang 1945 heimsuchten, mit dem Fall von Breslau, Gleiwitz und Katscher und mit der dramatischen Veränderung, die Oberschlesien seit dem Ende des Zweiten Weltkriegs durchgemacht hat.

TEIL II

ZERSTÖRUNG, INVASION UND NEUBEGINN

DAS ZERBRECHEN EINES SCHLESISCHEN TRAUMS

Dieser Teil des Buches beginnt mit einer kurzen Geschichte Schlesiens und der Heimatstadt der Böhms, Katscher. Aber auch die Städte Breslau und Gleiwitz waren vor 1942 Heimat mehrerer Mitglieder der Familie Böhm und stellen daher einen wichtigen Teil ihres Lebens in dieser Zeit dar. Es wäre meines Erachtens unverzeihlich, wenn ich nicht kurz auf die schrecklichen Ereignisse eingehen würde, die sich im Frühjahr 1945 in Breslau und Gleiwitz abspielten. Dieses Kapitel schließt mit einem kurzen Überblick über die dramatischen Veränderungen, die Schlesien seit 1945 erlebt hat. Wir werden auch jene Aspekte des traditionellen schlesischen Lebens erkunden, die heute noch diese schöne Region Mitteleuropas, die 1945 Teil Polens wurde, prägen.

Die Provinz Oberschlesien wurde 1919 als Teil des Freistaates Preußen gegründet und wurde in zwei Verwaltungsbezirke, nämlich Kattowitz und Oppeln, aufgeteilt. Von 1919 bis 1938 war die Provinzhauptstadt Oppeln, von 1941 bis 1945 Kattowitz. Weitere wichtige Städte in der Region waren Beuthen, Gleiwitz, Hindenburg, Neisse, Ratibor und Auschwitz. Im Jahr 1925 nahm Oberschlesien eine Fläche von 9.702 Quadratkilometer ein und hatte eine Gesamtbevölkerung von 1,4 Millionen Menschen. In den

Jahren 1938 bis 1941 wurde die Region mit Niederschlesien wiedervereinigt und in Provinz Schlesien umbenannt. Die frühesten genauen Daten einer Volkszählung für die Region stammen aus dem Jahr 1819, als insgesamt 561.203 Menschen in diesem Teil Deutschlands registriert wurden. Die ethnische Aufteilung der Bevölkerung war zu dieser Zeit wie folgt:

Polen: 377.100 (67,2%)

Deutsche: 162, 600 (29%)

Mährer: 12,000 (2.1%)

Tschechen: 1.600 (0,3%)

Ungefähr 1,4 % der Gesamtbevölkerung (d.h. 8.000 Menschen) waren jüdisch

Die Bevölkerung sollte sich jedoch in den nächsten fünf Jahrzehnten mehr als verdoppeln und erreichte 1867 mehr als 1,2 Millionen Einwohner, darunter 742.000 Polen und 457.000 Deutsche. Dieses ganze Gebiet war über viele Jahre lang überwiegend polnisch geprägt. Zwischen 1919 und 1921 kam es zu drei schlesischen Aufständen unter der polnischsprachigen Bevölkerung Oberschlesiens, die in der Schlacht bei Annaberg 1921 gipfelten. Nach diesem Konflikt, der sich kaum abschwächte, wurde beschlossen, eine Volksabstimmung durchzuführen, bei der die Bevölkerung entscheiden sollte, ob sie weiterhin zu Deutschland gehören oder Teil von Polen werden wollte. Das Ergebnis der Abstimmung, die am 20. März 1921 stattfand, war unmissverständlich. Eine klare Mehrheit von 60 Prozent der Bevölkerung stimmte für den Verbleib bei Deutschland, während nur 40 Prozent für den Anschluss an Polen votierten.

Als die Nazis 1933 an die Macht kamen, wurden die Bedingungen des deutsch-polnischen Abkommens von 1921 strikt eingehalten. Der Vertrag sah unter anderem vor, dass allen Bewohnern Oberschlesiens gleiche Bürgerrechte garantiert werden sollten. Dem damals prominenten Politiker Franz Bernheim gelang es, mit der sogenannten Bernheim-Petition den Völkerbund zu überzeugen, Nazi-Deutschland zur Einhaltung des Abkommens zu zwingen. Dementsprechend setzte die NS-Regierung im September 1933 fast alle bereits erlassenen antisemitischen Diskriminierungsgesetze außer Kraft und befreite die Provinz bis zum Auslaufen des Abkommens 1937 von allen zukünftigen Erlassen dieser Art. Dies erklärt, warum der Alltag für die in Breslau, Gleiwitz und Umgebung lebenden jüdischen Menschen zwischen 1933 und 1937 insgesamt angenehmer war, da sie deutlich weniger Demütigungen und Verfolgungen ausgesetzt waren als die in anderen Teilen Deutschlands lebenden Juden.

Nach dem Überfall auf Polen im September 1939 wurde der polnische Teil Oberschlesiens, zu dem auch die Industriestadt Kattowitz gehörte, direkt in die Provinz Schlesien eingegliedert. Dieses neue Gebiet wurde dann Teil der Verwaltung von Kattowitz. Ab September 1939 begannen die deutschen Besatzungstruppen mit einer brutalen Repressionskampagne gegen die polnische Bevölkerung im östlichen Oberschlesien. Grundlage für diese gezielte Verfolgung waren vor dem Krieg erstellte Listen, in denen die politisch aktiven Polen identifiziert worden waren. Im Oktober und November folgten zahlreiche Verhaftungen im Rahmen der *Intelligenzaktion Schlesien*, die sich gegen polnische Intellektuelle richtete, von denen viele in den von den Nazis in ganz Polen eingerichteten Gefangenenlagern umkamen. Eines dieser *Polenlager* befand sich in Katscher in einem der Gebäude, die später Teil der Schaeffler-Fabrik wurden. Eine zweite Verhaftungswelle kam im April und Mai 1940 während der *AB-Aktion*. Eines der härtesten Zentren der Unterdrückung und Folter war das Gefängnis in der Mikolowskastraße in Kattowitz, wo die Menschen Berichten zufolge routinemäßig von den Deutschen mit der Guillotine ermordet wurden.

Etwa zur gleichen Zeit wurde die polnische Bevölkerung systematisch aus den östlichen Teilen Oberschlesiens vertrieben, da dieses Gebiet nun von den Deutschen besetzt war und Teil des Generalgouvernements Polen geworden war. Zwischen 1939 und

1942 wurden etwa 40.000 Polen gewaltsam aus der Region vertrieben. An ihrer Stelle wurden dann Volksdeutsche aus Wolhynien und dem Baltikum in den städtischen Gebieten Oberschlesiens angesiedelt. Zwischen 1939 und 1943 wurden mehr als 230.000 Volksdeutsche in die polnischen Gebiete des östlichen Oberschlesiens und des Warthelandes umgesiedelt. Die Zahl der Todesopfer unter der polnischen Bevölkerung in Oberschlesien durch die Deutschen in dieser brutalen Zeit der ethnischen Säuberung wird auf mindestens 25.000 geschätzt.

1941 wurde Schlesien wieder in die Provinzen Ober- und Niederschlesien geteilt. Kattowitz in der ehemaligen Autonomen Schlesischen Woiwodschaft des Vorkriegspolens wurde anstelle der viel kleineren Stadt Oppeln zur Hauptstadt von Oberschlesien gemacht. Die deutsche Provinz Oberschlesien wurde dann zwischen Februar und Ende März 1945 während der Oberschlesischen Offensive am Ende des Zweiten Weltkrieges von der sowjetischen Roten Armee erobert. Im Potsdamer Abkommen der Nachkriegszeit wurde das gesamte Gebiet an die Volksrepublik Polen abgetreten und liegt heute in den polnischen Woiwodschaften Oppeln und Schlesien. Die meisten der nach dem Ende des Zweiten Weltkriegs im Gebiet verbliebenen Deutschen wurden nach Westen vertrieben.

Die früheste bekannte Erwähnung der Stadt Katscher stammt aus dem Jahr 1321, obwohl über ihre frühe Geschichte bis zur Zeit des Ersten Schlesischen Krieges (1740-1742) zwischen Preußen und Österreich wenig bekannt ist. Nach Beendigung des Krieges kam der größte Teil Schlesiens, darunter auch Katscher, unter die Herrschaft des Königreichs Preußen. Diese Ereignisse sind eng mit dem Entstehen der ersten jüdischen Gemeinde in der Stadt verbunden. Im Jahr 1787 waren gerade einmal 36 Juden als Einwohner registriert, aber eine eigenständige jüdische Gemeinde entstand erst 1825, als die erste Synagoge gebaut wurde. Bis 1840 stieg die Zahl der in der Stadt lebenden Juden auf 108 an. Fünf Jahre später wurden eine jüdische Privatschule und ein Friedhof eingerichtet, und 1871 war die jüdische *Gemeinde* in Katscher auf 186 Personen angewachsen. Zu Beginn des 20. Jahrhunderts verließen einige Juden Katscher und zogen in die größeren Städte Berlin und Breslau, die damals zu den größten jüdischen Gemeinden in Deutschland gehörten. Die Volkszählung von 1910 zeigt, dass nur 52 Juden in Katscher lebten, aber nach dem Plebiszit von 1921 entschieden sich viele schlesische Juden für die Auswanderung, obwohl sich einige tatsächlich entschieden, zu bleiben. Im Jahr 1933 waren nur 42 Juden in der Stadt registriert (bei einer Gesamtbevölkerung von ca. 8.000 Einwohnern), 1942 waren es nur noch 5 (Louis Böhm war einer der allerletzten Juden, der Katscher 1943 verließ). Wie bereits erwähnt, wurden die 1933 in Kraft getretenen antijüdischen Rassengesetze auf die in Schlesien lebenden Juden nicht so strikt angewandt, so dass sie bis 1937, als dieser Schutz aufgehoben wurde, in relativer Ruhe leben konnten. Um diese Zeit wurden die jüdischen Kinder vom Schulbesuch in Katscher ausgeschlossen und mussten die jüdische Schule im nahegelegenen Ratibor besuchen.

Vorkriegs-Katscher mit ehemaliger Synagoge

Eine ziemlich bizarre Regel, die als Teil der Rassengesetze eingeführt wurde, war, dass Juden nicht mehr zum Friseur gehen durften. Dies wäre vor allem für Männer, die regelmäßig zum Friseur gingen, um sich rasieren zu lassen, ein großer Schlag gewesen. In einem Brief, der im Juni 1941 geschrieben wurde, beschwert sich Louis über dieses neue Gesetz.

....ab heute bin ich gezwungen, mich selbst zu rasieren. Ich habe den ersten Versuch überstanden und hoffe, dass ich mich daran gewöhnen kann.

In der Reichskristallnacht im November 1938 wurde die Synagoge der Stadt niedergebrannt, und eine kleine Anzahl jüdischer Geschäfte und Läden wurden ebenfalls zerstört. Es ist sehr wahrscheinlich, dass auch das ehemalige Geschäft von Louis Böhm, das jetzt Max Cohn gehörte, angegriffen wurde. Die Ruine der Synagoge wurde nach dem Ende des Zweiten Weltkriegs vollständig abgetragen und das Grundstück anschließend mit Häusern bebaut. Auch der jüdische Friedhof wurde in den Hitlerjahren vollständig geschändet, und die polnischen Behörden wurden daraufhin angewiesen, alle menschlichen Überreste zu entfernen.

Räumung des ehemaligen jüdischen Friedhofs in Katscher

Vom Friedhof selbst gibt es heute keine Spur mehr. Der Standort ist durch eine Grünfläche markiert.

Katscher (polnisch: Kietrz) hat heute nur noch etwas mehr als 6.000 Einwohner, und vom malerischen Ortskern, der zwischen Januar und März 1945 im Rahmen der Oberschlesischen Offensive von der vorrückenden Sowjetarmee niedergebrannt und völlig zerstört wurde, ist wenig übrig geblieben.

Diese strategisch bedeutsame sowjetische Militärkampagne zielte darauf ab, die beträchtlichen industriellen und natürlichen Ressourcen in der Region zu erobern. Unter dem Kommando von Marschall Iwan Konew drängte die 1. Ukrainische Front die Deutschen langsam in Richtung der tschechischen Grenze zurück. Angesichts der großen Bedeutung der Region für die Deutschen wurden immer mehr Truppen zur Verteidigung des Gebietes entsandt, was die sowjetische Offensive erheblich verlangsamte. Erst als der Krieg am 8. Mai 1945 endgültig beendet war, konnte die Sowjetunion den Sieg für sich beanspruchen. Doch der Preis in Form von Menschenleben war extrem hoch. Insgesamt waren 480.000 sowjetische und deutsche Soldaten an der Oberschlesischen Offensive beteiligt, und bis zum Abschluss der Aktion im Frühjahr 1945 waren mehr als 66.000 Tote zu beklagen.

DIE BELAGERUNG VON BRESLAU

Breslau war in den 1930er Jahren die Heimat mehrerer Mitglieder der Familie Böhm. Arthur, Clara und ihre beiden Töchter zogen 1930 dorthin. In den darauffolgenden Jahren lebten sowohl Henry und Kate als auch George und Elfriede mit ihren Kindern ebenfalls dort. Glücklicherweise konnten alle bis auf Clara noch vor Beginn des Zweiten Weltkriegs aus der Stadt fliehen. In den letzten beiden Kriegsjahren gewann Breslau jedoch an Bedeutung, da es direkt auf dem Weg der vorrückenden sowjetischen Truppen lag.

Vor dem Zweiten Weltkrieg war Breslau so etwas wie eine nationalsozialistische Vorzeigestadt, in der bei den Wahlen 1933 sage und schreibe 200.000 Menschen (51,7%) für Hitlers NSDAP gestimmt hatten. Doch nach Hitlers Machtübernahme verschärften die Nazis ihren Griff auf die Stadt und starteten eine Terrorkampagne, die schließlich zur Ermordung zahlreicher Juden und anderer sogenannter Staatsfeinde führte. In der Reichskristallnacht wurden Synagogen niedergebrannt. Die Guillotine im berüchtigten Kleczkowska-Gefängnis hatte viel zu tun. Die enthaupteten Leichen politischer Gefangener wurden den Breslauer medizinischen Fakultäten gespendet. Doch trotz der Morde, der Verfolgung und der strengen Rationierung ging es den

Breslauer Bürgern während des Krieges im Allgemeinen besser als ihren deutschen Mitbürgern anderswo im Deutschen Reich. Außerhalb der Reichweite alliierter Luftangriffe blieb den Breslauern der Alptraum britischer Bombenteppiche erspart. Die Stadt wurde zu einer Art sicherem Hafen, dessen Bevölkerung auf mehr als eine Million Menschen anwuchs, während anderswo der Konflikt tobte.

In der zweiten Hälfte des Jahres 1944 kehrten jedoch Wellen deutscher Einheiten von der Ostfront zurück und entlarvten die Lügen Hitlers Propaganda, die von großen Siegen während des Russlandfeldzuges berichtet hatte. Hitler erklärte daraufhin, dass Breslau angesichts der unsicheren Lage an der Front und der Erwartung, dass im Falle eines Vorstoßes der sowjetischen Armee nach Westen die Stadt Breslau und ganz Schlesien in der Frontlinie liegen würden, zu einer "Festung" werden sollte. Tatsächlich begann am 12. Januar 1945 die Weichsel-Oder-Offensive. Es wurde schnell klar, dass es nur eine Frage der Zeit war, bis die Rote Armee die Stadt erreichen würde.

Die Entscheidung, Breslau zu blockieren, sollte die Geschichte und das Gesicht der Stadt für immer verändern. Der größte Teil der Zivilbevölkerung sass nun innerhalb der Stadtgrenzen fest. Breslau musste eine 80-tägige Belagerung über sich ergehen lassen, die Zehntausende von Menschenleben kostete und die Stadt als schwelenden Trümmerhaufen zurückließ. Die Schlacht um Breslau gilt als eine der grausamsten Belagerungen der modernen Geschichte und war auch eine der bedeutendsten, wenn auch weniger bekannten, menschlichen Tragödien des Zweiten Weltkriegs. Lastwagenladungen von Verwundeten überschwemmten die Krankenhäuser der Stadt. Als sich die Rote Armee näherte, war in der Ferne bereits das Donnern der Artillerie zu hören. Karl Hanke wurde zum Kommandeur der gesamten Operation ernannt und machte sich an die gewaltige Aufgabe, Breslau in eine Festung zu verwandeln.

Zwei Verteidigungsringe wurden um die Stadt errichtet, wobei einige Befestigungen 20 Kilometer außerhalb des Zentrums lagen. Vorräte wurden eingelagert und Truppen mobilisiert. In aller Eile wurde eine Garnison von etwa 80.000 Mann zusammengestellt, die das entscheidende Verteidigungselement am Ostwall werden sollte. In Wirklichkeit waren diese Truppen jedoch ein chaotischer Haufen, bestehend aus Hitlerjungen, Veteranen des Ersten Weltkriegs, Polizisten und müden und verletzten Soldaten aus abziehenden Regimentern. Dieser gemischte Haufen von Männern und Jugendlichen war schlecht ausgerüstet, um der vollen Wucht des drohenden sowjetischen Ansturms zu begegnen. Als der Countdown für die bevorstehende Belagerung begann, beschwerte sich Hanke, dass er nur zwei Panzer zur Verfügung hatte, zusammen mit Waffen, die entweder veraltet waren oder aus früheren Feldzügen in Polen, der Sowjetunion und Jugoslawien erbeutet worden waren. Trotzdem weigerte er sich bis zum 19. Januar 1945 hartnäckig, eine Evakuierung der Zivilbevölkerung anzuordnen. Doch zu diesem Zeitpunkt war der Großteil der Verkehrsverbindungen bereits durch sowjetischen Beschuss zerstört worden.

Tausende von Menschen hatten sehnsüchtig darauf gewartet, aus der Stadt evakuiert zu werden, als sie am 14. Januar 1945 die Nachricht vom sowjetischen Vormarsch hörten. Aber sie konnten noch sechs Tage lang die Stadt nicht verlassen, weil die Bahngleise beschädigt waren und fast ununterbrochen heftige Kämpfe tobten. In völliger Panik und Verzweiflung machten sich zwischen 50.000 und 60.000 Menschen, vor allem Frauen und Kinder, zu Fuß auf den Weg, und das bei außergewöhnlich bitteren Winterbedingungen. Dies endete in einer Tragödie. Kurze Zeit später wurden 18.000 erfrorene Leichen entlang der Strecke geborgen. Es wurde auch berichtet, dass 70 Kinder unter den Rädern von Lastwagen zu Tode gequetscht worden waren. Man schätzt, dass mindestens 90.000 Breslauer Bürger bei dieser Massenflucht aus der Stadt starben. Aber mehr als 200.000 Menschen, die erkannten, dass es Wahnsinn war, zu Fuß zu gehen, blieben in Breslau. Bis zum 15. Februar hatte sich die sowjetische Schlinge noch enger gezogen.

Die Stadt befand sich nun in einem Zustand der totalen Panik. Wer von Defätismus sprach, wurde zum Tode verurteilt. Am 28. Januar wurde der stellvertretende Bürgermeister Dr. Wolfgang Spielhagen aus diesem Grund auf dem Hauptplatz hingerichtet. Exekutionskommandos zogen durch die Stadt und ermordeten Pessimisten, Plünderer und alle, die sich ihrer Pflicht gegenüber dem Vaterland entzogen. Nach einem schnellen Vormarsch kesselten die Sowjets schließlich am 15. Februar 1945 die Stadt ein, und das Schicksal Breslaus war besiegelt. Die Rote Armee griff heftig an und setzte Hunderte von Panzern in der Schlacht ein. Doch die Hoffnungen auf einen schnellen sowjetischen Sieg erwiesen sich als optimistisch. Die Schlacht entwickelte sich bald zu einem brutalen Massaker mit hohen Verlusten auf beiden Seiten. Allein in den ersten drei Tagen verloren die Sowjets mehr als 70 Panzer, als der Konflikt in wilde Straßenkämpfe ausartete. Zivilisten und Zwangsarbeiter wurden eingesetzt, um beim Bau von Befestigungsanlagen zu helfen. Weite Teile der Stadt wurden demoliert, damit Ziegelsteine zur Verstärkung der Verteidigungsanlagen verwendet werden konnten. In einem wachsenden Zeichen der Verzweiflung wurde sogar die Universitätsbibliothek um Tausende von Büchern beraubt, die alle für die Barrikaden bestimmt waren. Im März wurde das Wohngebiet zwischen der Szczytnicki- und der Grunwaldzki-Brücke eingeebnet, um eine improvisierte Landebahn zu bauen, die theoretisch Breslaus Verbindung zur Außenwelt sein sollte. Doch dieses gewaltige Projekt erwies sich als völliges Desaster. Da die Verpflegung nur an diejenigen ausgegeben wurde, die noch arbeiteten, und die Zivilisten gezwungen waren, unter heftigem Beschuss zu arbeiten, starben mehr als 13.000, als die sowjetische Armee das Gebiet bombardierte.

Doch es sollte noch schlimmer kommen. Die Sowjetunion startete am 1. April eine neue Offensive. Ein besonders schweres Bombardement ließ einen Großteil der Stadt in Flammen aufgehen. Das Hauptquartier der Nazis musste aus dem Bunker auf dem Partisanenhügel in die Universitätsbibliothek verlegt werden, während die Kämpfe in der Kanalisation und in den Häusern am Rande der Stadt weiter tobten. Selbst als das Ende in Sicht war, kämpften die Nazis erbittert bis zum letzten Mann und schlugen einen erfolglosen Aufstand der Zivilisten nieder, die sich entschieden hatten, in der Stadt zu bleiben. Am 6. Mai kapitulierte Breslau schließlich, und der Friedensvertrag wurde unterzeichnet. Am Tag zuvor war Karl Hanke, der die Erschießung aller Fliehenden befohlen hatte, mit einem eigens für seine Flucht reservierten Flugzeug von der Breslauer Behelfspiste abgehoben. Hanke, der am 29. April von Hitler zum Nachfolger Himmlers als Reichsführer-SS ernannt worden war, flog nach Prag, wurde aber später von tschechischen Soldaten gefangen genommen und starb am 8. Juni bei einem Fluchtversuch. Als letzte Großstadt im Osten Deutschlands fiel Breslau am 7. Mai 1945.

Obwohl Breslau nur einmal bombardiert wurde, kam es nach dem Angriff zu massiven Zerstörungen. Die einst so schöne Stadt wurde fast völlig zerstört. Die mittelalterlichen Teile und fast alle historischen Wahrzeichen wurden vollständig entkernt. Die Gebäude, die den Bombenschäden entgingen, wurden anschließend von der sowjetischen Armee verbrannt und geplündert. Zeugenaussagen aus dieser Zeit berichten, dass an praktisch jedem Laternenpfahl der Stadt ein ermordeter, entstellter oder ausgeweideter Deutscher hing.

Für die verbliebenen zivilen Überlebenden brachte das Ende des Krieges einen neuen Feind mit sich. Man schätzt, dass etwa zwei Millionen deutsche Frauen von Soldaten der Roten Armee auf ihrem Vormarsch nach Westen vergewaltigt wurde. Breslau erwies sich als keine Ausnahme, als marodierende Rudel betrunkener Truppen ihren Sieg feierten. Da alle Krankenhäuser zerstört waren und das Hauptwasserwerk ein Trümmerhaufen war, wüteten Epidemien unkontrolliert, während die Stadt weiter in ein höllisches Chaos versank. Offiziellen Angaben zufolge kostete die Schlacht um Breslau insgesamt 170.000 Zivilisten, 6.000 deutsche und 7.000 sowjetischen Soldaten das Leben. Mehr als 70 Prozent der Stadt lagen in Trümmern (was zum Teil auf die Bemühungen der Nazis zurückzuführen ist, die Stadt zu befestigen). 10 Kilometer Abwasserkanäle waren gesprengt worden und fast 70 Prozent der Stromversorgung war unterbrochen worden. Von den 30.000 registrierten Gebäuden der Stadt waren 21.600 beschädigt, geschätzte 18 Millionen Kubikmeter Trümmerschutt bedeckten das gesamte Gebiet. Die Beseitigung dieser Kriegstrümmer dauerte bis in die 1960er Jahre.

Gemäß den Bedingungen des Jalta-Abkommens kamen die neuen Herrscher der Stadt, die von nun an als Wrocław bekannt wurden, drei Tage nach der Unterzeichnung des Friedensabkommens an. Polen aus dem Osten strömten herbei, um Wrocław neu zu besiedeln, angelockt von falschen Gerüchten über Arbeitsplätze, Reichtum und unbeschädigte Stadthäuser. Mehr als 10 Prozent dieser neuen Siedler kamen aus der östlichen Stadt Lwów. Diese Massenmigration sollte die demographische Zusammensetzung von Wrocław unwiderruflich verändern. Schwarzmarkthandel und Anarchie herrschten, als bewaffnete Banden von Russen, Deutschen und Polen nachts durch die Straßen zogen, tranken, plünderten und schossen. Es wird angenommen, dass mit Diebstahl und preistreiberischer Geschäftemacherei ein Vermögen gemacht wurde.

Von ihren neuen Herren zu Sklaven degradiert, wurden die Deutschen gezwungen, sich bei gesellschaftlichen und staatlichen Versammlungen öffentlich für ihre "Kollektivschuld" zu entschuldigen. Andere wurden in Lager geschickt, wo die Bedingungen unerträglich waren. Von 8.064 Deutschen, die im berüchtigten Lager Lamsdorf in Oberschlesien inhaftiert waren, starben 6.488 Menschen, darunter Hunderte von Kindern, an Hunger, Krankheiten, Schwerstarbeit und körperlichen Misshandlungen, die auch Folterungen beinhaltet haben sollen. Darüber hinaus starben Tausende an Krankheiten, die durch schlechtes Wasser, Hunger und Kälte hervorgerufen wurden, während viele andere Selbstmord begingen. Mit dem Ende des

Krieges begann eine aktive Kampagne zur "Entdeutschung" der Stadt. Zeitungen riefen Wettbewerbe aus, um alle Spuren des deutschen Erbes in Breslau zu beseitigen, und Denkmäler, Grabsteine, Laden- und Straßenschilder fielen dieser ikonoklastischen Wut zum Opfer.

Ende 1945 befanden sich jedoch noch 300.000 Deutsche in der Stadt, von denen viele vorübergehend aus Poznań umgesiedelt worden waren, was den polnischen Behörden große Sorgen bereitete. Im Juli begannen die Zwangstransporte. Im Januar 1948 wurde Wrocław offiziell als frei von allen deutschen Einwohnern erklärt.

Viktoriastraße, Breslau 1945, wo George und Elfriede Böhm gewohnt hatten

Bald darauf folgte die Sowjetisierung der Stadt, und Wrocław wurde als Austragungsort für die Ausstellung der wiedergewonnenen Gebiete ausgewählt, die in Wirklichkeit nichts anderes als ein Propagandageschäft war, das die Herrlichkeit des polnischen Sozialismus hervorheben sollte. Die Ausstellung, die während ihrer dreimonatigen Laufzeit mehr als 1,5 Millionen Besucher anlockte, wurde schließlich Ende Oktober 1948 geschlossen. Damit versiegten die Investitionen und das nationale Interesse an Breslau im Wesentlichen. Für die nächsten Jahre sollte die Stadt nicht mehr als ein Zubringer für Warschau sein, mit unbezahlbaren Kunstwerken, die in die Hauptstadt transportiert wurden. Die oberste Priorität der polnischen Regierung in dieser Zeit war es, ihre Hauptstadt so schnell wie möglich wieder aufzubauen. Allein 1949 wurden täglich etwa 200.000 Ziegelsteine nach Warschau geschickt, um den Wiederaufbau der polnischen Hauptstadt zu unterstützen.

DER FALL VON KATSCHER UND GLEIWITZ

Anfang März 1945 rückte die sowjetische 4. Panzerarmee nach Süden vor und startete einen Angriff auf die deutschen Linien. Diese Offensive läutete das Ende der Operation Gemse ein. Die Truppen durchbrachen die deutschen Linien westlich von Oppeln (heute Opole, Polen) und rückten auf Neustadt (heute Prudnik, Polen) und Neisse (heute Nysa, Polen) vor, während im Südosten andere sowjetische Divisionen die deutschen Truppen angriffen und versuchten, sie vollständig einzukesseln. Eine Reihe von deutschen Einheiten, die bei Oppeln eingeschlossen waren, wurde vollständig vernichtet. Sowohl Ratibor als auch Katscher wurden schließlich am 31. März von der sowjetischen Armee erobert. Marschall Konew verkündete den erfolgreichen Abschluss des Schlesienfeldzuges und behauptete, dass mehr als 40.000 deutsche Soldaten getötet und 14.000 gefangen genommen worden seien.

Nachdem die sowjetische Armee das Stadtzentrum von Katscher vollständig zerstört hatte, setzte sie eine Reihe von Gebäuden in Brand und terrorisierte die örtliche Bevölkerung über alle Maßen, bevor sie ihren Vorstoß in Richtung Berlin fortsetzte. Viele Städte wurden in Schutt und Asche gelegt. Nach dem Ende des Zweiten

Weltkriegs wurden die noch in der Gegend lebenden Deutschen buchstäblich mit einer Frist von 24 Stunden aufgefordert, ihre Häuser zu verlassen, ihre Hausschlüssel bei den Behörden abzugeben und nur die wichtigsten Habseligkeiten mitzunehmen.

Als die neuen Einwanderer ankamen, nachdem sie aus ihren Häusern in den nun an Russland übergebenen Teilen Ostpolens vertrieben worden waren, wurde ihnen gesagt, sie sollten sich eines der stehengebliebenen Häuser aussuchen und die Schlüssel im Rathaus abholen. So wurde innerhalb weniger Tage die gesamte deutsche Bevölkerung der Stadt ohne viel Federlesen durch polnische Zuwanderer ersetzt. Das ehemalige Haus von Louis und Jenni in der Thrömerstraße, das einige Zeit leer stand, wurde schließlich von der Familie Szwej erworben, die noch heute in dem Haus lebt. Der Großvater dieser Familie hatte oft von den einmarschierenden sowjetischen Truppen erzählt und von der Zeit, als die Familie zum ersten Mal in das Haus von Louis und Jenni eingezogen war.

Großvater erzählte mir, dass Katscher stark bombardiert wurde und das Zentrum der Stadt völlig zerstört wurde, einige der Außenstraßen jedoch verschont blieben. Aber es gab einen großen Bombenkrater im Garten des Hauses, das baufällig und in sehr schlechtem Zustand war. Als wir das Haus betraten, fanden wir ein totes Pferd im 'Salon' (Wohnzimmer), von dem wir annahmen, dass es ins Haus gelaufen war, um den Bomben zu entkommen. Es gab auch eine tote Kuh im Keller, von der wir glauben, dass sie ebenfalls gestorben war, nachdem sie durch die Bombardierung zu Tode erschreckt worden war.

An der Vorderseite des Hauses wuchsen viele Fichten und Sträucher, die alle blühten. Links vom Haus gab es einen kleinen Garten mit Kirschbäumen und auf der Rückseite des Hauses einen schönen Pavillon. Es gab auch Nussbäume und ein kleines Grundstück an der Seite, wo Kartoffeln angebaut wurden. Obwohl man uns erzählt hatte, dass in dem Haus eine ungarische Familie gelebt hatte, vermutete meine Großmutter immer, dass die früheren Bewohner Juden waren, denn im

Salon gab es eine Art abgetrennte Nische, von der meine Großmutter dachte, dass sie als eine Art Gebetsraum genutzt worden sein könnte. Als die Russen kamen, verwüsteten sie das Haus. Wir waren schockiert zu sehen, dass sie diese Nische im Wohnzimmer sogar als Toilette benutzt und den Teppich und die Wände mit Exkrementen beschmiert hatten. Deshalb nennen wir die Russen "Schweine". Die Küche war im Keller, und es gab einen kleinen Aufzug, der das Essen nach oben in den Speisesaal brachte.

Am Vorabend des Zweiten Weltkrieges geriet die schöne Stadt Gleiwitz und ehemalige Heimat von George, Elfriede und ihren Kindern Henry und Edith durch ein Ereignis in Verruf, das weitreichende Folgen haben sollte. Der Gleiwitzer Vorfall war ein verdeckter Angriff der Nazis auf den deutschen Radiosender der Stadt am 31. August 1939. Der Angriff war eine Operation unter falscher Flagge, die zusammen mit zwei Dutzend ähnlicher deutscher Anschläge am Vorabend des deutschen Überfalls auf Polen inszeniert wurde, wobei sich die Angreifer als polnische Staatsbürger ausgaben. Der Vorfall in Gleiwitz ist die bekannteste Aktion der Operation Himmler, einer Reihe von Spezialoperationen, die von der Schutzstaffel (SS) durchgeführt wurden, um der deutschen Propaganda in den ersten Kriegstagen zu dienen. Diese Operationen sollten den Anschein einer polnischen Aggression gegen Deutschland erwecken, um den Einmarsch in Polen zu rechtfertigen.

1945, bei den Nürnberger Prozessen, lieferte ein deutscher SS-Offizier, Alfred Naujocks, Beweise, die die Wahrheit hinter den Geschehnissen in Gleiwitz enthüllten. In seiner Aussage gab er zu, dass er den Angriff unter dem Befehl von Reinhard Heydrich und Heinrich Müller, dem Chef der Gestapo, organisiert hatte. Eine kleine Gruppe deutscher Agenten in polnischer Uniform, die von Naujocks selbst angeführt wurde, hatte den Befehl, den Radiosender in Gleiwitz zu kapern und eine kurze antideutsche Botschaft auf Polnisch zu senden. Ziel der ganzen Aktion war es, den Überfall und die Sendung wie das Werk polnischer antideutscher Saboteure aussehen zu lassen.

Um den Angriff noch überzeugender aussehen zu lassen, ermordete die Gestapo Franciszek Honiok, einen 43-jährigen unverheirateten deutschen Landwirt, der ein bekannter polnischer Sympathisant war. Die Gestapo hatte ihn am Vortag verhaftet, ihn so verkleidet, dass er wie ein Saboteur aussah, ihn dann durch eine tödliche Injektion getötet und erschossen, um seinen Tod noch authentischer aussehen zu lassen. Honiok wurde tot am Tatort zurückgelassen, so dass es so aussah, als sei er während des Vorfalls getötet worden. Seine Leiche wurde dann der Polizei und der Presse als Beweis für den Angriff präsentiert. Darüber hinaus wurden mehrere Häftlinge aus dem Konzentrationslager Dachau unter Drogen gesetzt, erschossen und anschließend ihre Gesichter entstellt, um eine Identifizierung unmöglich zu machen, bevor ihre Leichen in der Radiostation abgelegt wurden. In einer mündlichen Zeugenaussage in Nürnberg gab Erwin von Lahousen an, dass seine Division eine von zwei Divisionen war, die den Auftrag hatte, Uniformen, Ausrüstung und Ausweise der polnischen Armee zu beschaffen.

Am Ende des Krieges durchquerten sowjetische Truppen im Rahmen ihres Vormarsches auf Berlin Schlesien und nahmen am 23. Januar 1945 Gleiwitz ein, da es seit jeher eines der wichtigsten Industriezentren in Oberschlesien gewesen war. Der Gegenangriff der Deutschen am folgenden Tag führte zu einer dreitägigen Schlacht um das Gebiet. Die Stadt fiel schließlich am 26. Januar. In den folgenden zwei Tagen kam es zu einem Massaker an den Einwohnern. Sowjetische Soldaten setzten Dutzende von Häusern in Brand und erschossen diejenigen, die versuchten, die Flammen zu löschen. Es wird geschätzt, dass die sowjetische Armee mindestens tausend Zivilisten in der Gegend tötete, von denen viele ethnische Polen und Schlesier waren. Bis zu 800 von ihnen wurden im Rahmen des Massakers von Gleiwitz umgebracht. Nach der Ermordung wurden die Opfer in einem Massengrab auf dem örtlichen Friedhof verscharrt. Während der kommunistischen

Herrschaft in Polen, die bis 1989 andauerte, wurde das Wissen um diese Ereignisse von der kommunistischen Regierung streng zensiert und die Lage des Massengrabes geheim gehalten. Erst zum 60. Jahrestag des Massakers im Jahr 2005 wurde schließlich ein Gedenkstein an der Stelle des Friedhofs errichtet.

EIN VERWANDELTES LAND

In den Teilen Deutschlands, die 1945 an Polen übergeben worden waren, sollten weitere ethnische Säuberungen in enormem Ausmaß stattfinden. Diejenigen Deutschen, die nicht vertrieben worden waren oder sich geweigert hatten, das Land zu verlassen, waren schweren Repressalien ausgesetzt oder wurden sogar ermordet. Dem katastrophalen alliierten Bombenangriff auf Schlesien während des sowjetischen Vormarsches auf Berlin im Frühjahr 1945 folgte eine riesige Invasionswelle der sowjetischen Streitkräfte. Die wenigen überlebenden Deutschen in dieser Region wurden vor kommunistisch geführte "Überprüfungskommissionen" geschleift, die über ihr endgültiges Schicksal entschieden. Der Gebrauch der deutschen Sprache und alle Bürgerrechte, die die Schlesier bis dahin genossen hatten, wurden sofort aufgehoben. Tausende von Menschen starben bei dem Versuch zu fliehen, und im östlichen Teil der Sowjetunion wurden mehr als tausend Zwangsarbeitslager errichtet. Man schätzt, dass etwa 165.000 Deutsche aus den von Polen annektierten deutschen Gebieten deportiert und in der Sowjetunion als Sklavenarbeiter eingesetzt wurden.

Nach der Niederlage Deutschlands 1945 war ganz Schlesien plötzlich von der Roten Armee besetzt, mit der eine grausame Vergewaltigungs- und Mordserie begann. So wurden in Neisse 182 katholische Nonnen vergewaltigt, in der Diözese Kattowitz ließ die Armee 66 schwangere Nonnen zurück. Nicht einmal kleine Kinder blieben von den Schrecken der sexuellen Gewalt verschont. Kleine Mädchen wurden manchmal genauso oft überfallen wie ihre Mütter. Jungen, die versuchten, ihre Mütter und Schwestern zu schützen, wurden erschossen, ebenso wie viele der späteren Opfer. Es war tatsächlich Churchill, der den völkermordenden Plan vorschlug, der später auf der Potsdamer Konferenz 1945 beschlossen wurde, Polen "auf Räder zu stellen und nach Westen " in deutsche Gebiete, zu rollen. Als Ergebnis dieser katastrophalen Lösung des so genannten deutschen Problems wurden Millionen von Polen aus den der UdSSR zugesprochenen Gebieten vertrieben. Viele weitere Millionen Deutsche wurden aus Ländern vertrieben, die sie seit dem 13. Jahrhundert bevölkert hatten.

Die vor dem Zweiten Weltkrieg dort beheimateten vier Millionen Schlesier wurden nun kollektiv als "deutsche Partisanen" gebrandmarkt. Sie flohen, wurden ermordet, in Lager gesteckt, in die Gulags geschickt oder vertrieben. Oft wurden die Männer aus den Dörfern und Lagern zusammengetrieben und eine kurze Strecke weiter weggeführt, um dann erschossen und in Massengräbern verscharrt zu werden. Gemäß den Vereinbarungen der Jalta-Konferenz von 1944 und des Potsdamer Abkommens von 1945 sollte das gesamte deutsche Schlesien östlich von Oder und Neiße an Polen abgetreten werden. Tausende von Polen aus den weiter östlich gelegenen, von Stalin besetzten Gebieten wurden in Windeseile dorthin verfrachtet und umgesiedelt, noch bevor das Blut getrocknet war. Vielen Deutschen wurde sogar befohlen, beim Verlassen ihrer Häuser die Betten mit sauberer Wäsche zu beziehen und ihre Hausschlüssel in der Tür zu lassen. Dies war eine unglaublich grausame, aber effiziente und gut geplante Operation.

Nicht alle Deutschen wurden vertrieben, denn einige Facharbeiter und Ingenieure wurden gezwungen zu bleiben, da der reibungslose Ablauf der Industrie von diesen Menschen abhing. Im Oppelner Kohlerevier in Oberschlesien durften einige deutsche Bergleute und ihre Familien bleiben. Ihre Kultur wurde jedoch unterdrückt, und sie mussten sich wie unterdrückte Sklaven fühlen. Das Sprechen der deutschen Sprache war für die nächsten 40 Jahre strengstens untersagt. Die sogenannte Oder-Neiße-Linie wurde die neue Ostgrenze des Nachkriegsdeutschlands.

Die Geschichte Oberschlesiens seit 1945 ist kompliziert und geprägt von scheinbaren Widersprüchen und von Ironie. Obwohl die Sowjetunion die Absicht hatte, nach dem Ende des Zweiten Weltkriegs alle Deutschen aus der Region zu vertreiben und jede letzte Spur deutschen Lebens und deutscher Traditionen vollständig auszurotten, erkannte sie auch, dass die Fabriken weiter funktionieren mussten und dass es daher nicht klug wäre, die Region absichtlich wertvoller Fähigkeiten und Kenntnisse zu berauben. So wurden Tausende von Facharbeitern und Ingenieuren, die sowohl Deutsch als auch Polnisch sprechen konnten, gezwungen, zu bleiben, die polnische Staatsbürgerschaft anzunehmen und ihre deutsche Herkunft und Identität aufzugeben. Diese Menschen wurden benötigt, um die vielen Kohleminen und Fabriken während der kritischen Nachkriegszeit am Laufen zu halten. Diejenigen, die sich weigerten, wurden gezwungen, eine Armbinde mit einem großen "N" zu trage. Das bedeutete, dass sie "*Niemiecki*" (deutsch) waren. Viele wurden in sowjetische Arbeitslager im Osten geschickt. Ab 1945 durfte niemand, der keinen polnischen Pass besaß, ein Haus oder eine Wohnung besitzen. Es war verboten, in den Schulen Deutsch zu unterrichten oder gar im Haus oder in der Öffentlichkeit Deutsch zu sprechen. In der ganzen Region wurde ein Heer von Arbeitern eingesetzt, um mühsam deutsche Schriftzüge von Grabsteinen, Denkmälern, Schaufenstern und öffentlichen Gebäuden zu entfernen. Jedes einzelne Dorf und jede Stadt in Oberschlesien bekam einen polnischen Namen, was bedeutete, dass Tausende von Straßenschildern ersetzt werden mussten. Dies alles war Teil der *Entdeutschung*, die nach Kriegsende noch viele Jahre andauerte.

Viele der Deutschen, die bleiben wollten oder mussten, waren jedoch entschlossen, sich diesem Prozess zu widersetzen und so viel wie möglich von ihrer deutschen Identität und ihrem Erbe zu bewahren, obwohl dies natürlich nur im Verborgenen geschehen konnte. Viele sprachen zu Hause weiterhin Deutsch und sorgten so dafür, dass ihre Kinder zweisprachig aufwachsen konnten. Sie bemühten sich nach Kräften, traditionelles deutsches Brauchtum am Leben zu erhalten, insbesondere das Weihnachtsfest, religiöse Traditionen und die typisch schlesische Küche wie *Streuselkuchen* oder *Sauerteigsuppe*, Gerichte, die in der Region bis heute beliebt sind.

Aber die Feindseligkeit zwischen den einheimischen Deutschen und den Polen hielt viele Jahre lang an. Deutsche Kinder wurden in der Schule schikaniert und in der Öffentlichkeit oft gedemütigt. Ganze Bevölkerungsgruppen wurden im Rahmen einer anhaltenden ethnischen Hasskampagne diskriminiert. Obwohl sich diese Situation im Laufe der Zeit etwas verbesserte, kam es erst mit dem Fall der Berliner Mauer im Jahr 1989 zu einer wirklichen Wende, die schließlich das Ende des sowjetischen Würgegriffs und Einflusses auf Polen markierte. Die nach 1945 in Oberschlesien verbliebenen Deutschen konnten nun ihr "Deutschtum" nach Belieben ausleben. Die deutsche Sprache durfte wieder in den Schulen gelehrt werden. Man schätzt, dass heute mehr als 200.000 Menschen mit deutschen Wurzeln in Oberschlesien leben. Das Interesse und die Begeisterung für die lange vernachlässigten Schätze der deutschen Literatur, Musik, Kunst und Geschichte sind wieder erwacht.

Mit dem Beginn dieser neuen Ära für Oberschlesien entwickelte sich ein weit verbreiteter Stolz darauf, Schlesier zu sein, der sich in vielfältiger Weise manifestiert hat. Diejenigen Menschen, sowohl Deutsche als auch Polen, die das Schlesische, ein Dialekt mit tschechischen, polnischen und deutschen Einflüssen, noch sprechen konnten, freuten sich, sich wieder auf ihre eigene Art und Weise ausdrücken zu können. Heute gibt es etwa 60.000 schlesische Muttersprachler. Der neue schlesische Nationalstolz ist aber nicht nur bei den hier lebenden Deutschen zu spüren. Auch viele Polen verteidigen diesen einzigartigen Teil Westpolens vehement. Besonders spürbar ist dies in den großen Städten Wrocław (Breslau), Opole (Oppeln) und Gliwice (Gleiwitz). Im Jahr 1990 wurde die Schlesische Autonomiebewegung gegründet, die heute von Jerzy Gorzelik angeführt wird, der bei vielen Gelegenheiten öffentlich erklärt hat, dass er sich nicht als Pole, sondern als "Oberschlesier" betrachte. Seit 1989 stehen auf den meisten Straßenschildern sowohl die deutschen als auch die polnischen Ortsnamen. Jerzy Gorzeliks Bewegung, die an Fahrt gewinnt, fordert unter anderem, dass alle Straßenschilder in schlesischer Sprache gedruckt werden. Er fordert auch mehr Geld für diesen wohlhabenden Teil des heutigen Polens.

"Wir sind offiziell die zweitreichste von 16 Woiwodschaften in Polen, nach Warschau und Masowien, und stellen 14% des BIP zur Verfügung", sagt Gorzelik, 'und wir haben das Gefühl, dass wir nicht genug von der nationalen Regierung zurückbekommen.

Der Slogan der Bewegung im letzten Jahr war "Schlesisches Geld für schlesische Menschen".

Heute hat Oberschlesien eine boomende Autoindustrie. Opel hat ein Werk in Gliwice. Fiat-Autos werden in Tychy und Bielsko-Biala produziert. Große Chemiewerke sind in Kedzierzyn Kozle und Zdzieszowice in Betrieb. Die Region hat eine beneidenswerte Erfolgsbilanz in der wissenschaftlichen Forschung, insbesondere in den Bereichen saubere Kohletechnologie, Bodenentgiftung und erneuerbare Energien. Und das absolute Juwel in der schlesischen Krone ist zweifelsohne die schöne Stadt Breslau.

Breslau (Wrocław), die Hauptstadt Schlesiens, wurde 2016 zur Kulturhauptstadt Europas gewählt und hat in den Jahren seit ihrer massiven Zerstörung in den letzten Monaten des Zweiten Weltkriegs einen radikalen Wandel vollzogen. Seit ihrer Wiederbelebung in den letzten Jahren wird diese elegante Weltstadt nun weltweit als eine Art Kulturmagnet gefeiert. Mit ihren 12 Inseln und 120 Brücken wird die Stadt an der Oder oft als das "Venedig Polens" bezeichnet. Nur wenige Minuten vom imposanten gotischen Rathaus entfernt, das den mittelalterlichen Marktplatz dominiert, steht der 2012 fertiggestellte Sky Tower, der höchste Wolkenkratzer Polens, stellvertretend für eine junge, dynamische Hightech-Metropole. Heute rühmt sich diese pulsierende Stadt mit 640.000 Einwohnern mit buchstäblich Hunderten von Technologie-Start-ups und alternativen Theatern. Breslaus 11 öffentliche und 22 private Hochschulen bringen jedes Jahr 25.000 Absolventen hervor. Die Universitäten der Stadt, vor allem mit dem Schwerpunkt Mathematik und Physik haben Breslau geholfen, den Übergang vom Kommunismus erfolgreich zu bewältigen. Sie sind einer der größten Trümpfe der Stadt geblieben, als ein Großteil Europas mit der Schuldenkrise kämpfte.

Ich bin mir sicher, wenn Arthur, George oder Kate Böhm heute leben würden, würden sie die völlig wiedergeborenen Städte Breslau und Gleiwitz mit ziemlicher Sicherheit nicht wiedererkennen. Ich glaube, es würde sie ermutigen, zu sehen, wie Schlesien, ihre Heimat, überlebt und sich völlig verändert hat. Als 1945 Tausende von Neusiedlern aus dem Osten in diese Region kamen, waren sie Neuankömmlinge ohne Wurzeln. Die Deutschen, die sich entschieden hatten, dort zu bleiben und bereits seit Generationen dort gelebt hatten waren ebenfalls Neuankömmlinge. Sie mussten sich an das Leben in einem völlig neuen Land mit einer neuen Sprache und neuen Traditionen gewöhnen.

Es dauerte mehr als 50 Jahre, bis diese beiden unterschiedlichen Völker lernten, harmonisch zusammenzuleben. Doch heute ist klar, dass die Integration weitgehend gelungen ist und dass die einzigartige Kultur und die Traditionen Oberschlesiens noch für viele Generationen weiterleben werden. So wie es den Böhms gelungen war, die schrecklichen Ereignisse des Holocausts zu überleben und ihre Familien in einem neuen Land wieder aufzubauen, so erlebte auch ihre ehemalige Heimat, Oberschlesien nach Kriegsende aus den Trümmern der Zerstörung eine wahrhaft bemerkenswerte Wiedergeburt.

Marktplatz Breslau

TEIL III

RÜCKKEHR INS HEIMATLAND

KATSCHERS DUNKLE GESCHICHTE

Mein erster Besuch in Katscher im Herbst 1996 mit meiner zweiten Frau, Judy, war ein emotionales und faszinierendes Erlebnis. Nach einer langen, zermürbenden Fahrt von dem Hotel, in dem wir in Krakau wohnten, kamen wir schließlich kurz nach Mittag in Katscher an. Wir fanden schnell den Weg ins Zentrum dieser kleinen, verschlafenen Stadt, parkten das Auto und traten hinaus in die gleissende Herbstsonne. Wir standen auf einem Platz, der offensichtlich der Marktplatz des Ortes war, aber nur noch wenig Ähnlichkeit mit der alten Ansichtskarte hatte, die ich mitgebracht hatte. Das Foto aus den 1920er Jahren zeigt einen malerischen Marktplatz, gesäumt von hübschen Fachwerkhäusern und Geschäften und in der Mitte eine kunstvolle Statue mit zwei Figuren, die auf einer erhöhten Säule stehen und einen Heiligenschein in die Höhe zu halten scheinen, der frappierende Ähnlichkeit mit einem Schornsteinfegerpinsel hat. Diese Statue war Katschers phantasievolle Darstellung der *Heimsuchung Mariens*. Doch 1996 war das Zentrum des Ortes nur noch eine grasbewachsene Erholungsfläche mit einigen Bäumen und ein paar Bänken, von denen eine von drei älteren Männern besetzt war. Zwei von ihnen rauchten Pfeife, während der andere den größten Teil des Gesprächs zu führen schien.

Marktplatz, in Katscher, um 1925

Wir gingen an den alten Männern vorbei, einen von großen Sträuchern gesäumten Weg entlang, und da stand vor uns die Statue vom Foto. Abgesehen von einer dicken schwarzen Schmutzschicht und ein paar Absplitterungen war das Denkmal identisch mit dem auf dem Foto. Wir wussten, dass wir am richtigen Ort sein mussten. Wir standen und schauten uns um. Es schien kein einziges Originalgebäude aus der Zeit, als die Böhms in der Stadt gelebt hatten, erhalten zu sein. Sie sah jetzt aus wie jede andere unscheinbare osteuropäische Stadt. Mit nur einem einzigen weiteren Foto, das die Straße und das Haus in der Thrömerstraße zeigte, in dem mein Urgroßvater Louis Böhm gewohnt hatte, wurde uns die Schwierigkeit unserer Aufgabe plötzlich klar. Da nur wenige Menschen zu sehen waren, beschlossen wir, unsere Suche damit zu beginnen, mit den älteren Männern auf der Bank zu sprechen.

Abgesehen von ein paar grundlegenden Sätzen hatte ich keine wirklichen Polnischkenntnisse. Ich wusste jedoch, dass die meisten der älteren Menschen, die in dieser Region leben, wahrscheinlich noch etwas Deutsch verstehen und sprechen können würden. Allerdings wusste ich auch, dass die Deutschen bei vielen Polen immer noch verhasst waren. Als wir uns der Gruppe von Rentnern näherten, erwartete ich daher keinen freundlichen Empfang. Ich begrüßte die Männer freundlich auf Deutsch und erklärte ihnen, dass ich Engländer bin und dass die Familie meiner Mutter vor dem Krieg in der Stadt gelebt hat. Ich zeigte ihnen das Foto des Hauses und fragte, ob sie wüssten, ob es noch existiert. Die Rentner schauten auf den Boden und dann zueinander, bevor sie sich ein paar Sätze auf Polnisch vor sich hin murmelten. Dann sprach mich der große, dünne Mann in der Mitte in gebrochenem Deutsch etwas schroff an: "Wir können Ihnen nicht helfen. Sprechen Sie mit der dicken Dame in dem Bekleidungsgeschäft da drüben". Er machte eine vage Geste in Richtung der hinteren Ecke des Platzes, schaute weg und wandte sich wieder seinen Freunden zu.

Wir gingen in den Laden, auf den uns der alte Mann hingewiesen hatte, im Ungewissen, ob er uns nur loswerden wollte. Der Laden war spärlich bestückt mit Damenunterwäsche, Stoffrollen, Nähzubehör und Knäueln von Strickwolle. Ein oder zwei Leute stöberten, aber hinter dem Tresen war niemand zu sehen. Nach ein paar Augenblicken kam eine große Dame in einem roten, zeltartigen Blumenkleid aus einer Tür im hinteren Teil des Ladens heraus. Ich ging zu ihr hinüber, lächelte und stellte ihr nach ein paar Höflichkeiten die gleiche Frage, die ich den alten Rentnern gestellt hatte. Ihr Deutsch schien nicht viel besser zu sein als das des alten Mannes. Aber sie schaffte es, mir zu sagen, dass wir einfach dort warten sollten, da sie noch jemanden holen musste, der uns weiterhelfen würde. Sie watschelte zur Tür hinter dem Tresen hinüber und rief den Namen einer Person in einen düsteren Korridor, der von der Rückseite des Ladens wegführte. Nach wenigen Augenblicken erschien ein kleiner Junge von etwa zehn Jahren und schaute die dralle Dame fragend an. Sie sprach ihn schnell an, deutete dabei auf uns und gestikulierte dann aus dem Fenster. Als der Junge durch den Laden auf uns zuging, gab die Dame uns ein Zeichen, dass wir ihm folgen sollten, da er uns woanders hinbringen würde. Ich hatte langsam das Gefühl, dass wir vielleicht versehentlich in einen Kafka-Roman gestolpert waren und begann zu bezweifeln, dass wir überhaupt etwas von Wert herausfinden würden.

Der Junge ging schnell aus dem Laden und machte sich nicht einmal die Mühe zu prüfen, ob wir hinter ihm waren. Wir liefen ihm hinterher, als er in einer engen Gasse verschwand, die vom Hauptplatz wegführte. Etwa zehn Minuten lang führte er uns durch eine Gasse nach der anderen, vorbei an einigen sehr baufälligen Häusern, entlang eines ummauerten Weges, vorbei an einer schönen Kirche. Die Kirche erkannte ich aus einem alten Reiseführer über die Gegend wieder, den mir meine Tante Ilse in Sydney acht Jahre zuvor gegeben hatte. Der Junge kam schließlich vor einem Gebäude zum Stehen, das anscheinend das Pfarrhaus der katholischen Kirche war. Er führte uns auf die große Veranda des Hauses und gab uns zu verstehen, dass wir uns auf die Holzbank vor einer riesigen Eichentür setzen sollten. Einen kurzen Moment lang schaute er aufmerksam auf die Reihe der Türklingeln, unter denen sich jeweils ein kleines Namensschild befand. Dann drückte er einen der Knöpfe und verschwand prompt.

Nach einer kurzen Pause wurde die Tür von einem großen, grauhaarigen Priester geöffnet, der uns wohlwollend anlächelte, uns auf Polnisch begrüßte und uns in den Flur führte. Er führte uns in ein kleines, schmales Büro, schloss die Tür hinter uns, winkte uns beiden, Platz zu nehmen und ließ sich in einem Ledersessel hinter einem Schreibtisch nieder, auf dem eine große, gravierte Bibel stand. Ich fragte, ob er Deutsch sprechen könne, und freute mich, dass er dies bejahte und perfekt Deutsch mit nur geringem Akzent sprach. Zum dritten Mal an diesem Tag erzählte ich die Geschichte meiner Mutter, ihrer Familie und ihres Lebens in Katscher, zeigte ihm das alte Bild aus den 1930er Jahren und fragte ihn, ob er uns irgendwelche nützlichen Informationen geben könne.

Pater Tomasecki lächelte breit, als klar wurde, dass ich ihm gerade eine Frage zu einem seiner Lieblingsthemen gestellt hatte. Er erzählte uns, dass er die ideale Person sei, um uns zu helfen, weil er in der Tat der örtliche Historiker sei und ein großes persönliches Interesse an der deutschen Geschichte von Katscher (Kietrz) hat und an der anschliessenden Entwicklung der Stadt zu dem, was jetzt eine kleine, aber offensichtlich eng verbundene, polnische Gemeinde ist.

Er schilderte uns dann sehr anschaulich und detailliert die Ereignisse am Ende des Zweiten Weltkriegs, als sich die Deutschen zurückzogen, nachdem sie in den Gemeinden Verwüstungen angerichtet hatten. Aber er sagte, dass diese Ereignisse gelinde waren im Vergleich zu den Grausamkeiten, die noch von den vorrückenden sowjetischen Truppen begangen werden sollten, die kurz danach während ihres letzten Vorstoßes nach Berlin durch Schlesien marodierten. Die weit verbreitete Brutalität, Vergewaltigungen, Morde und Verwüstungen, die von der siegreichen Roten Armee begangen wurden, sind gut dokumentiert und erklären sicherlich zum Teil, warum die meisten Polen den Russen gegenüber heute Rachegefühle hegen.

Vater Tomasecki betrachtete nachdenklich meine Schwarz-Weiß-Postkarte des Stadtplatzes, schüttelte den Kopf und erklärte, dass die Sowjets bei ihrem Vormarsch nach Westen in Richtung Berlin das Zentrum der Stadt komplett abgefackelt hätten. Das erkläre, warum nur das religiöse Denkmal übrig geblieben sei, noch geschwärzt von Feuer und Rauch, die den idyllischen Geburtsort meiner Mutter eingehüllt hatten. Er reichte mir die Postkarte zurück und nahm das zweite Foto in die Hand, das die ehemalige Thrömerstraße vor 1945 zeigte, mit dem ehemaligen Wohnhaus von Louis und Jenni Böhm auf halber Strecke der Straße. Seine Augen leuchteten, als hätte er gerade einen lang vermissten Freund wiedererkannt. "Ich freue mich, Ihnen mitteilen zu können, dass es dieses Haus heute noch gibt", sagte er mit einem zufriedenen Lächeln. Er nahm einen kleinen Zettel zur Hand und zeichnete uns schnell eine Skizze, wie wir zum ehemaligen Böhmschen Wohnhaus am Stadtrand gelangen könnten. Damit schüttelte er mir die Hand, wünschte uns viel Glück und begleitete uns zur Tür.

Als wir durch den hübschen Garten des Pfarrhauses zurück in Richtung Stadtzentrum gingen, fühlte ich mich beschwingt, denn nun war klar, dass unsere lange Reise nicht umsonst gewesen war. Das ehemalige Haus meiner Urgroßeltern stand noch und war nun nur noch einen kurzen Spaziergang entfernt. Wie sehr wünschte ich mir, dass meine Mutter dabei gewesen wäre, um dieses bedeutsame Erlebnis mit uns zu teilen. Wie viele Flüchtlinge hatte sie immer darauf bestanden, dass sie niemals nach Deutschland zurückkehren würde, nachdem sie 1939, nur acht Monate vor Kriegsbeginn, vertrieben worden war. Doch 1976, nur ein Jahr vor ihrem Tod, unterrichtete ich im Rahmen meines Universitätsstudiums Englisch an einer Schule in Trier, Westdeutschland. Es gelang mir, sie zu überzeugen zu kommen, um mit eigenen Augen zu sehen, wie erfolgreich sich Deutschland zur führenden europäischen Wirtschaftsmacht entwickelt hatte und welch großen Unterschied das "*Wirtschaftswunder*" im Leben der einfachen Deutschen ausmachte.

Aber meine Mutter wieder in Deutschland und unter Deutschen zu beobachten, war für mich keine ganz angenehme Erfahrung. Meine Brüder und ich hatten sie immer dafür gehänselt, dass sie das meiste Deutsch vergessen und nicht viel Englisch gelernt hatte.

Ruth Böhm (rechte Seite) mit Fritz und Hilde Blum, Trier 1976

Als wir an einem milden Maiabend 1976 mit der Familie Blum, bei der ich damals wohnte, um den Esstisch saßen, wurde schnell klar, dass meine Mutter tatsächlich viel von ihrem Deutsch vergessen hatte. Obwohl sie offensichtlich alles verstand, war ihr eigenes gesprochenes Deutsch stockend und unbeholfen. Außerdem konnte ich an ihrer Körpersprache erkennen, dass sie sich unter Deutschen nicht mehr wirklich zu Hause fühlte und sich schwer tat, mit ihnen in Beziehung zu treten. Später vertraute sie mir an, dass diese "modernen" Deutschen, wie sie sie nannte, sie sehr an Amerikaner erinnerten, da sie mit ihren großen Häusern, großen Autos, hohen Renten und großen Ambitionen prahlten, wieder in einem vereinten Deutschland mit einer stolzen Hauptstadt zu leben, die natürlich das absolute Juwel in der Krone sein würde. Meine Mutter war damals sehr kritisch und zutiefst skeptisch gegenüber solchem Gerede. Die Ironie ist, dass 1989, nur 12 Jahre nach ihrem Tod, solche Bestrebungen im Begriff waren, Realität zu werden, als die Berliner Mauer fiel. Heute ist die prächtige Stadt Berlin wieder der Sitz der deutschen Regierung und steht stolz im Herzen des nun vereinten Deutschlands.

Pater Tomaseckis hastig hingekritzelte Karte erwies sich als überraschend genau, als wir über den Platz zurückwanderten, eine schmale Straße auf der anderen Seite hinuntergingen und um eine Ecke bogen, um schließlich in die Straße einzubiegen, nach der wir offensichtlich gesucht hatten. Als wir am Ende der Straße standen und in die Ferne auf das blickten, was jetzt die Grenze zur Tschechischen Republik ist, fühlten wir uns wie aufgeregte Archäologen, die zum ersten Mal ein heiliges Grab betreten, seit es Jahrhunderte zuvor für die Welt verschlossen gewesen war. Wir sahen uns das Foto der Straße an, das irgendwann um 1936 aufgenommen worden war, und waren überrascht, wie wenig sich in den letzten Jahrzehnten verändert hatte. Praktisch alle Häuser auf dem Foto standen noch, und viele, wenn nicht sogar die meisten, waren in den vergangenen Jahren nicht wesentlich verändert worden. Wir gingen langsam die Straße hinunter und blieben vor dem Haus stehen, das ein dreiviertel Jahrhundert zuvor das Zuhause von Louis und Jenni Böhm gewesen war.

Das Haus sah viel bescheidener aus, als ich erwartet hatte, und obwohl ich das Foto vor unserem Besuch oft studiert hatte, erwartete ich irgendwie, etwas Größeres zu sehen. Es stand auf einem recht großen Grundstück mit alten Bäumen auf beiden Seiten und hatte eine graue Betonfassade, eine steile Giebelfront, ein rotes Ziegeldach und einen großen Erker, der ebenfalls gefliest war und an einer Seite eine Art Veranda zu haben schien. Aus dem Dach ragten zwei hohe Schornsteine, die jeweils mit einer Metallstrebe auf halber Höhe gehalten wurden. Die beiden Hauptfenster zur Straße hin waren sehr markant, jedes hatte einen geschwungenen Türsturz und enthielt drei vertikale Glasscheiben. Als wir vor diesem Haus standen und das alte Foto betrachteten, stellten wir mit Erstaunen fest, dass sich das gepflegte Geländer und die doppelten Tore an der Front überhaupt nicht verändert hatten. Auch an der Außenseite des Gebäudes waren in den letzten 60 Jahren keine wesentlichen Verbesserungen oder Veränderungen vorgenommen worden. Es war klar, dass es auf der Rückseite des Hauses einen sehr großen Garten gab, der tatsächlich so weitläufig aussah, wie meine Mutter ihn beschrieben hatte. Es fiel mir wirklich nicht schwer, mir die großen Familientreffen im Sommer vorzustellen, von denen mir meine Mutter so oft erzählt hatte.

Das Haus von Louis und Jenni Böhm im Jahr 1996

Wir überlegten einige Zeit, ob wir an die Tür klopfen und den Besitzer fragen sollten, ob wir uns umsehen dürften. Wir entschieden jedoch schließlich, dass dies wahrscheinlich keine gute Idee war, da es zum Zeitpunkt unseres Besuchs 1996 für Deutsche möglich geworden war, Eigentum zurückzufordern, das ihren Eltern und Großeltern am Ende des Zweiten Weltkriegs weggenommen worden war, obwohl dies bei Louis und Jennis Haus nicht der Fall gewesen war. Als Folge dieser Entscheidung der deutschen Gerichte gab es ein noch höheres Maß an Feindseligkeit und Misstrauen gegenüber deutschen Besuchern als zuvor. Ich hatte keine Lust, die heutigen Bewohner des ehemaligen Hauses meiner Urgroßeltern zu verärgern. Es genügte mir, dass ich die Reise machen konnte, das Haus mit eigenen Augen gesehen hatte und ein weiteres Puzzleteil richtig einordnen konnte.

Obwohl Katscher im Wesentlichen eine ländliche Stadt war, die von Ackerland und saftigen Wiesen umgeben war, gab es dort tatsächlich eine Menge Industrie, hauptsächlich Weberei, Teppichherstellung und Tuchverarbeitung. Die Stadt hatte eine lange Geschichte der Weberei, die bis in die Mitte des 18. Jahrhunderts zurückreicht. Anscheinend änderte die Troja, die durch Katscher fließt, fast täglich ihre Farbe, da der Farbstoff aus den Webereien und Werkstätten in den Fluss floss. Die größte dieser Fabriken geriet jedoch nach dem Krieg in Verruf, als das Gerücht aufkam, dass große Mengen menschlicher Haare, die von den Köpfen der Gefangenen im nahegelegenen Auschwitz rasiert worden waren, für die Herstellung von Stoffen verwendet wurden. Diese Gerüchte haben sich in den letzten 75 Jahren hartnäckig gehalten.

Auf der Grundlage dieser Gerüchte wurden kürzlich neue Details über die Polenlager aufgedeckt, von denen sich eines in Katscher befand. Diese Lager wurden zu Beginn des Zweiten Weltkriegs in Schlesien eingerichtet, um die von deutschen Beamten als "unzuverlässig" eingestuften Polen festzuhalten. Viele dieser Menschen hatten nach dem Ersten Weltkrieg die Angliederung Schlesiens an Polen gewünscht und wurden als Antifaschisten gebrandmarkt, weil sie sich geweigert hatten, sich in die Deutsche Volksliste eintragen zu lassen, um ihr "Deutschtum" zu bekennen. Die meisten Polenlager befanden sich in der Nähe der südlichen Grenze des ehemaligen Oberschlesiens. Die Bedingungen in diesen Lagern waren Berichten zufolge außerordentlich hart und beinhalteten in der Regel Zwangsarbeit.

Im Februar 1943 wurde die 20-jährige Halina Stanko in das Lager Katscher "Polen 92" gebracht, das in der Teppichfabrik der Stadt eingerichtet worden war. Sie erzählte später einem Nachrichtenmagazin, wie sie zusammen mit Dutzenden anderer Gefangener und unter bewaffneter Eskorte deutscher Wachleute jeden Morgen auf das Fabrikgelände gebracht wurde. Sie erinnert sich, dass es einen speziellen Eingang zum Bereich der Teppich- und Garnproduktion gegeben hatte. „Damals haben wir gehört, dass sie Menschenhaar verwenden", sagt sie. Auch andere Menschen in Katscher erinnern sich, dass in der Schaeffler-Fabrik Menschenhaar verwendet wurde.

Das ehemalige Schaeffler-Werk in Katscher

Eine Frau, die in der Nähe der Fabrik wohnte, erzählte, dass ihr Schwiegervater nach dem Krieg Direktor der Firma geworden sei und 1946 im Hauptlager Ballen mit Menschenhaar gefunden habe. Dies scheint mit dem Bericht des ehemaligen technischen Leiters der Textilfabrik Schaeffler, Henry Linkwitz, übereinzustimmen, der im Mai 1946 vor einem Staatsanwalt in Gleiwitz aussagte, dass 1943 zwei Eisenbahnwaggons mit je 1,5 Tonnen Menschenhaar in Katscher angekommen seien. Die Haare wurden bei Schaeffler zu Garn verarbeitet, aber anscheinend war es nicht möglich, den gesamten Bestand bis zum Kriegsende zu verarbeiten.

Bei meinem zweiten Besuch in Katscher im September 2018 wurde mir von einem lokalen Historiker, der seit vielen Jahren in der Stadt lebt, gesagt, dass diese Gerüchte tatsächlich wahr sind. Erst im April 2018 erschien ein Artikel auf der polnischen Website von Spiegel TV, in dem behauptet wurde, dass die alte Fabrik, deren Ruinen heute noch existieren, routinemäßig polnische Sklavenarbeiter beschäftigte und tatsächlich regelmäßig Ballen mit menschlichem Haar aus Auschwitz erhielt, um es in ihrer Produktion zu verwenden. Der stellvertretende Leiter der Forschungsabteilung des Auschwitz-Museums, Dr. Jacek Lachendro, sagte gegenüber Spiegel TV, dass ein Teil (1,95 Tonnen) der Haare, die heute noch in Auschwitz ausgestellt sind, am Ende des Zweiten Weltkriegs in der Fabrik in Katscher gefunden wurden. Er sagte auch, dass es Protokolle von Verhören ehemaliger Fabrikarbeiter gäbe, die besagen, dass 1943 zwei Zugwaggonladungen Haare in die Fabrik geliefert wurden. Später von polnischen Behörden durchgeführte Tests bestätigten, dass es sich tatsächlich um menschliches Haar handelte und dass es Spuren von Zyklon B enthielt, dem gleichen Gift, das in den Gaskammern in Auschwitz verwendet wurde.

Heute ist die Schaeffler AG einer der größten Automobilzulieferer in Deutschland und beschäftigt rund 92.500 Mitarbeiter in 50 Ländern. Obwohl auf der Website der Schaeffler AG die offizielle Geschichte des Unternehmens erst 1946 beginnt, scheinen die düsteren Anfangsjahre in Katscher und die Verbindung des Unternehmens mit und Unterstützung der NSDAP unbestreitbare Fakten zu sein. Trotz zahlreicher Artikel über die Kriegsaktivitäten des Unternehmens, die seit 2009 veröffentlicht wurden, hat Schaeffler immer bestritten, dass es in irgendeiner Form in Zwangsarbeit verwickelt war oder dass menschliches Haar für die Produktion von Stoffen in seinem Werk in Katscher verwendet wurde.

In dem hübschen Marktflecken Katscher, eingebettet in die sanft gewellten Wiesen der schlesischen Landschaft, begann die Geschichte der Familie Böhm um 1885, als Louis und Jenni Böhm beschlossen, hier Wurzeln zu schlagen, ein Geschäft zu eröffnen und eine Familie zu gründen. In den folgenden vier Jahrzehnten blühte die Familie auf und führte ein weitgehend friedliches und glückliches Leben - bis zum Aufstieg Hitlers im Jahr 1933. Bis zu diesem Zeitpunkt konnten alle Mitglieder der kleinen jüdischen Gemeinde in Katscher ihr Leben frei und harmonisch leben und waren gut in die örtliche Gemeinschaft integriert. Doch im Frühjahr 1945 waren bis auf fünf Personen alle verbliebenen Juden aus Katscher vertrieben, ein großer Teil des Ortes niedergebrannt, der jüdische Friedhof geschändet und die finsteren Machenschaften der Firma Schaeffler hatten einen dunklen Fleck auf die Geschichte von Katscher gelegt. Und die Spuren dieser Ereignisse sind bis heute geblieben.

Ich glaube nicht, dass meine Mutter oder andere Mitglieder der Familie Böhm, die den Krieg überlebten, eine Ahnung von den schockierenden Ereignissen hatten, die sich nach dem Ende des Zweiten Weltkriegs in ihrer Heimatstadt abspielten. Als Lucy und ich im Herbst 2018 durch Katscher (Kietrz) spazierten und über die Tatsache nachdachten, dass diese triste kleine polnische Stadt keine Ähnlichkeit mehr mit der charmanten, blühenden Gemeinde hatte, die sie einst war, als die Böhms dort lebten, empfand ich ein großes Gefühl der Traurigkeit darüber, was aus der Heimatstadt meiner Mutter geworden war. Nur wenige hundert Meter von dem Haus entfernt, in dem diese anständige jüdische Mittelklassefamilie vor dem Zweiten Weltkrieg gelebt hatte, standen die hässlichen Überreste der Fabrik, in der Sklavenarbeit geleistet und die Haare von den Köpfen jüdischer Männer, Frauen und Kinder rasiert worden waren, um Kleidung für die Kriegsmaschinerie der Nazis herzustellen. Ironischerweise war dies genau die Fabrik, die Louis in den Jahren, in denen sein Laden noch in Betrieb war, mit Stoffen versorgt hatte. Gleich um die Ecke der Schaeffler-Fabrik liegt eine Fläche mit üppigem Gras, die den Ort markiert, an dem sich der jüdische Friedhof befand, bevor alle Gräber ausgehoben und geleert und die Grabsteine vollständig zerstört wurden. Eines dieser Gräber hätte zweifellos zu meiner Urgroßmutter Jenni Böhm gehört, die im März 1941 starb. Die Tragik dieser Abfolge von Ereignissen, die die vollständige Auslöschung aller Spuren jüdischen Lebens in Katscher darstellt, wird mir immer in Erinnerung bleiben.

EINE ZEITREISE IN DIE VERGANGENHEIT

Der Breslauer Hauptbahnhof (heute Bahnhof Wrocław Główny) ist ein sehr imposantes Gebäude, das aus der Mitte des 19. Jahrhunderts stammt. Mit seiner beeindruckenden zinnenbewehrten Fassade, den gewölbten gotischen Bögen und der umfangreichen Holzvertäfelung im Inneren ist es nicht schwer, sich vorzustellen, was für ein Zentrum der Aktivität dieser Ort in den Vorkriegsjahren gewesen sein muss, als so viele Tausende von Menschen verzweifelt versuchten, die Stadt zu verlassen.

Der Hauptbahnhof in Breslau

Obwohl das Innere des Gebäudes teilweise modernisiert wurde, wurden der ursprüngliche Stil, die verschnörkelten Bögen und Merkmale sorgfältig erhalten und zu neuem Leben erweckt. Als meine Tochter Lucy und ich im September 2018 in der Nähe des altmodischen Fahrkartenschalters standen und schweigend den stetigen Strom kommender und gehender Menschen beobachteten, ertappte ich mich dabei, wie ich über meine Mutter nachdachte. Ich stellte mir vor, was ihr durch den Kopf gegangen sein muss, als sie im Mai 1939 genau an dieser Stelle stand auf dem Weg in ein neues Leben in England und in die Freiheit, wie sie hoffte.

Vor dem Bahnhof Odertor (heute Bahnhof Wroclaw Nadodrze) in einem nördlichen Vorort von Breslau zu stehen, war jedoch ein völlig anderes Erlebnis. Wir empfanden beide das gleiche Gefühl des Schreckens und der Tragödie, Gefühle, die zweifellos zum Teil durch die deprimierende rote Backsteinfassade hervorgerufen wurden, die sich offensichtlich seit Jahrzehnten nicht verändert hatte, und auch mit dem Wissen um die schrecklichen Ereignisse, die hier zwischen 1941 und 1942 stattgefunden haben. Obwohl der Bahnhof zum Zeitpunkt unseres Besuchs noch in Betrieb war, war er offenbar für den Abriss vorgesehen. Das war wohl die Erklärung dafür, warum das ganze Gebäude so heruntergekommen und fast verlassen aussah. Die Haupthalle war schäbig, unbeleuchtet, feucht und übel riechend. Abgesehen von ein paar Menschen, die zu den Bahnsteigen schlurften, war sie praktisch leer.

Den Beweis für die düstere Geschichte dieses berüchtigten Ortes fanden wir bald in Form einer Bronzetafel an einer der Wände, ein Mahnmal für die mehr als 7.000 Juden, die innerhalb von nur 18 Monaten von diesem Bahnhof deportiert wurden. Meine Großmutter mütterlicherseits, Clara Böhm, war eine von diesen 7.000. Wir gingen zu einem der Bahnsteige und standen dort einige Augenblicke und verfolgten mit unseren Blicken die Gleisspur. Wir versuchten uns die Panik und die schiere menschliche Verzweiflung und das Elend vorzustellen, das vorhanden gewesen sein muss, als Dutzende von Viehwaggons mit verängstigten Männern, Frauen und Kindern vollgepackt in den Tod transportiert wurden.

Der Odertor-Bahnhof

Die *Hala Targowa* (Markthalle) ist seit Anfang des 20. Jahrhunderts fester Bestandteil des Breslauer Alltagslebens. 1906 bis 1908 erbaut, beherbergt das imposante Gebäude den größten Breslauer Lebensmittelmarkt, der die Bombardierung 1945 nahezu unbeschadet überstanden hat. 1983 wurde der Markt umfangreich modernisiert. Zweifellos kauften die Mitglieder der Familie Böhm, die in den 1930er Jahren in Breslau lebten, hier regelmäßig ein. Die riesige Auswahl an frischem Obst, Gemüse, Fleisch, Fisch, Gewürzen, Kräutern und Blumen war unübertroffen in der Stadt. Und das ist auch heute noch der Fall. Vor dem Zweiten Weltkrieg gab es in Breslau zwei große Synagogen - die Neue Synagoge, die in der Kristallnacht im November 1938 zerstört wurde, und die Weißstorch-Synagoge (siehe unten), die zwar stark beschädigt wurde, die Pogrome jedoch überstand.

Der Breslauer Lebensmittelmarkt

Es gab auch zahlreiche private Synagogen, die alle zerstört wurden. Obwohl die genauen Daten etwas vage sind, geht aus Familienbriefen hervor, dass verschiedene Mitglieder der Familie Böhm zusammen mit ihren Ehepartnern und Kindern in den 1930er Jahren in Breslau lebten. George und Elfriede Böhm und ihre Kinder Henry und Edith waren eine Zeit lang in der Stadt ansässig, ebenso Georges Bruder Arthur, seine Frau Clara und ihre beiden Kinder Ruth und Ilse. Auch Kate und Henry Schweiger und ihre Kinder Gary und Steffi lebten dort für einige Zeit, nachdem sie um 1935 gezwungen waren, Katscher zu verlassen. Es ist nicht klar, wie religiös die Mitglieder der Familie Böhm waren. Ich halte es jedoch für sehr wahrscheinlich, dass sie mit den beiden großen Synagogen in Breslau vertraut gewesen sind.

Während unseres Besuchs in Breslau im Jahr 2018 verbrachten Lucy und ich einen denkwürdigen Vormittag damit, die Weißstorch-Synagoge zu besichtigen. Sie liegt nur einen kurzen Spaziergang vom riesigen Marktplatz der Stadt entfernt, der als Rynek (Marktplatz) bekannt ist. Die Synagoge, die 1829 eröffnet wurde, ist ein dreistöckiges neoklassizistisches Gebäude, das der Architekt Carl Ferdinand Langhans entworfen hat. Die ursprüngliche Innenausstattung, die es nicht mehr gibt, wurde von dem Maler Raphael Biow entworfen. Der Name wurde von einem gleichnamigen Gasthaus übernommen, das früher an dieser Stelle stand. Der Hauptgebetssaal ist an drei Seiten von Frauengalerien umgeben. Zwei Ebenen von Galerien im Norden und zwei im Süden flankieren eine einzelne Galerie an der östlichen Wand mit dem Toraschrein. Von der ursprünglichen religiösen Ausstattung sind nur noch der hölzerne Rahmen des Toraschreins und die beschädigten Tafeln der Zehn Gebote erhalten. Während der Kristallnacht wurde das Innere des Gebäudes von einer Sturmabteilung zerstört, die auch die Schriftrollen zerriss. In der gleichen Nacht wurde die Neue Synagoge, die der liberalen Gemeinde der Stadt diente, von paramilitärischen Gruppen der Nazis niedergebrannt.

Die Weißstorch-Synagoge, Breslau

Die Weißstorch-Synagoge, die damals vor allem konservativen Juden diente, entging diesem Schicksal, weil sie sich in der Nähe anderer Gebäude befand, und die Täter des Pogroms besorgt waren, dass ein Feuer auf nichtjüdische Gebäude übergreifen könnte.

Wie bereits erwähnt, verließen Arthur Böhm, seine Frau Clara und ihre beiden Töchter 1930 ihr großes Haus in Katscher und zogen in eine Wohnung in der Kronprinzenstraße in Breslau. In den erhaltenen Familiendokumenten gibt es so gut wie keine Erwähnung, die Aufschluss über das Leben der Familie in der Stadt in den 1930er Jahren gibt. Es ist jedoch möglich, eine Vermutung darüber anzustellen, da andere Bewohner der Stadt tatsächlich die sich täglich verschlechternde Situation der etwa 20.000 Juden, die 1933 noch in Breslau als ansässig verzeichnet waren, aufzeichneten. Wie im Vorwort erwähnt, ist einer der detailliertesten dieser Berichte "*Keine Gerechtigkeit in Deutschland - Die Breslauer Tagebücher 1933-1941*" von Willy Cohn (1888-1941), der als einer der wichtigsten Schriftsteller seiner Generation gilt.

Cohn zeichnet ein lebendiges und zugleich verstörendes Bild davon, wie nach Hitlers Machtübernahme und der Einführung der harten Nürnberger Rassengesetze im September 1933 das Leben für Juden unter dem neuen Regime allmählich immer schwieriger (und in einigen Fällen unerträglich) wurde. Jüdische Richter, Universitätsprofessoren, Lehrer und zahlreiche andere Angestellte des öffentlichen Dienstes wurden entlassen, jüdische Geschäfte und Läden wurden boykottiert. Juden jeden Alters waren täglich verbalen Beschimpfungen und körperlichen Mißhandlungen ausgesetzt. Es gab eine strenge Lebensmittelrationierung. 1935 wurden alle öffentlichen Schwimmbäder für Juden geschlossen. Für meine Mutter, die immer eine begeisterte Schwimmerin gewesen war, war das zweifellos ein Schlag gewesen.

Nach 1937, als der Griff der Nazis auf Deutschland immer fester wurde und der Krieg unvermeidlich schien, wurden immer mehr drakonische Gesetze eingeführt, deren Hauptziel es war, jüdische Menschen vollständig aus der Alltagsgesellschaft auszuschließen und sie effektiv daran zu hindern, ihren Lebensunterhalt zu verdienen oder ihr Vermögen zu erhalten. Die öffentliche Demütigung wurde ein zentrales Element der Ausgrenzung der Juden. Wie wir bereits wissen, war es Herrenfriseuren verboten, Juden zu rasieren. Öffentliche Bibliotheken waren für jüdische Menschen tabu. Nach Kriegsausbruch durften Juden nicht einmal mehr Radios besitzen. Nach der Verordnung zur Offenlegung von Vermögenswerten, die im April 1938 Gesetz wurde, mussten Juden alle Vermögenswerte und Besitztümer, die 5.000 Reichsmark überstiegen, melden. Hitler besuchte Breslau bei mindestens zwei Gelegenheiten. Im März 1936 nahm er an einer Massenkundgebung der NSDAP in der Stadt teil, die Tausende von Menschen anzog. Im September desselben Jahres war er erneut in der Stadt, um den neuen Autobahnabschnitt Breslau-Kreisbau als Teil seines ehrgeizigen Plans zur dramatischen Verbesserung der Straßen- und Eisenbahninfrastruktur in ganz Deutschland zu eröffnen. Der eigentliche Grund für diese gewaltigen Investitionen in die Infrastruktur war jedoch, dass Hitler sich auf den Krieg vorbereitete und sicherstellen wollte, dass Truppen, Rüstungsgüter und Nachschub schnell durch das Land transportiert werden konnten.

Neben Berlin und Frankfurt war Breslau in der Vorkriegszeit eines der wichtigsten Zentren jüdischen Lebens in Deutschland. Es besteht kein Zweifel, dass das Leben für die vielen Tausend Juden, die in diesen Städten lebten, mit dem Näherrücken des Krieges immer schwieriger geworden war. Nachdem Hitler an die Macht gekommen war, wurde denjenigen Juden, die über die nötige Weitsicht und die nötigen Mittel verfügten, schnell klar, dass ihre einzige Hoffnung auf ein Überleben in der Auswanderung lag, obwohl dies selbst in diesem frühen Stadium keineswegs ein einfacher Prozess war. Nach der Kristallnacht im November 1938 wurde es jedoch allmählich immer schwieriger, ein Visum zu erhalten, da die Zahl der Juden, die das Land verlassen wollten, stark anstieg und die Zahl der Länder, die sie aufnehmen wollten, abnahm. Und Anfang 1940 war es fast unmöglich geworden, das Land zu verlassen, so dass die in Deutschland verbliebenen Juden keine andere Wahl hatten, als sich auf ihr unausweichliches Schicksal vorzubereiten.

Das Kloster Grüssau (heute Krzeszów, Polen) liegt etwa zwei Autostunden westlich von Breslau. Das imposante Kloster in Niederschlesien wurde 1242 von Anna von Böhmen gegründet, später aber während des Dreißigjährigen Krieges weitgehend zerstört. Ab 1728 wurde es im prunkvollen Barockstil restauriert. Nach der Säkularisation während der napoleonischen Kriege wurde es 1924 von Papst Pius XI. wieder zum Kloster erhoben. 1940 beschlagnahmte die Nazi-Regierung das Kloster und wandelte es in ein Durchgangs- und Internierungslager für jüdische Gefangene um.

Das Kloster Grüssau

Die NSDAP und die niederschlesische Landesregierung richteten das Lager in Grüssau für die Juden des Kreises ein, die von den NS-Behörden aus ihren Wohnungen vertrieben worden waren. Die vorübergehende Internierung vor der Deportation der Juden in die Vernichtungslager im Osten und in das Ghetto Theresienstadt fand in diesem Zisterzienserkloster statt. Offiziell wurde es als "*Wohngemeinschaft*" bezeichnet. Obwohl sehr wenig über das Lager bekannt ist, schätzt man, dass insgesamt 960 Juden in Grüssau inhaftiert waren, beginnend mit den ersten Transporten am 10. und 13. Oktober 1941. Offensichtlich waren die physischen Bedingungen sehr hart. Die Heizung funktionierte nur sporadisch, wenn sie überhaupt vorhanden war. Ab 1942 wurden die Grüssauer Häftlinge in das Ghetto Theresienstadt und in die deutschen Vernichtungslager in Polen deportiert. Das Lager wurde schließlich 1943 aufgelöst. In einem Eintrag in seinen Tagebüchern vom 16. Oktober 1941 schreibt Willy Cohn:

> *Großmutter Proskauer kam gestern Nachmittag, sie weinte. Bis jetzt haben wir nur unwillkommene Nachrichten aus Grüssau erhalten. Unter anderem waren die Betten noch nicht da, und die Leute mussten voll bekleidet schlafen.*

Irgendwann Mitte November 1941 wurde meine Großmutter mütterlicherseits, Clara Böhm, in Breslau verhaftet und vom Bahnhof Odertor ins Kloster Grüssau transportiert. In einem ihrer Briefe, die sie im März 1942 schrieb, verrät Clara, dass mindestens zwei ihrer Verwandten zur gleichen Zeit ebenfalls in Grüssau festgehalten wurden.

Tante Johanna ist auch hier, und sie macht sich große Sorgen um mich. Sie kommt ganz oft zu mir. Onkel Wiener ist auch hier, das ist ein großer Trost für mich.

Meine Mutter hatte oft gesagt, dass sie nicht verstehen konnte, warum Clara in diesem Brief ausgerechnet Verwandte erwähnt hatte, die sie seit Jahren nicht mehr gesehen oder über die sie nicht mehr gesprochen hatte. Im Rahmen der Massenverhaftungen von Juden, die nach der Wannseekonferenz in der gesamten Region stattfanden, war es üblich, dass die Gestapo nach der Verhaftung eines Familienmitglieds auch alles daran setzte, alle anderen verbliebenen Verwandten zu verhaften. Das erklärt, warum es üblich war, dass ganze Familien gemeinsam in die Vernichtungslager deportiert wurden. Clara blieb bis April 1942 im Lager, dann wurde sie vermutlich nach Theresienstadt deportiert, wo sie nur einen Monat später starb. Die zahlreichen Briefe, die Clara während ihrer Zeit in Grüssau an Ruth schrieb, enthalten auch die eine oder andere Bemerkung, die eher rätselhaft ist.

Sie beschreibt ihre Umgebung als angenehm und komfortabel und spricht sogar davon, Besuche von einigen ihrer Freunde aus Breslau zu erhalten. Diese Beschreibung passt in keiner Weise zu zeitgenössischen Berichten über den Alltag im Lager, wo sich ein völlig anderes Bild ergibt, nämlich das eines harten, ungeheizten und strengen Gefängnisses, in dem Nahrungsmangel und Krankheiten an der Tagesordnung waren. Ich halte es für höchst unwahrscheinlich, dass die Häftlinge Besucher empfangen durften. Tatsächlich gibt es keinen Grund zu der Annahme, dass das Leben in Grüssau weniger hart war als in anderen Lagern wie Dachau, Theresienstadt oder Buchenwald.

Es bleibt daher ein Rätsel, warum Clara ihre Zeit in Grüssau als so etwas wie einen Aufenthalt in einem komfortablen Landhotel beschreibt. Ich glaube, die wahrscheinlichste Erklärung ist, dass sie ihre Tochter nicht beunruhigen wollte, indem sie die wahre Wahrheit über ihre Zeit im Kloster enthüllte und warum sie überhaupt dort war. Oder vielleicht war sie so naiv, dass sie den wahren Grund, warum sie dorthin geschickt worden war, einfach nicht begriffen hatte. In der Tat hatte meine Mutter Peter, meinem ältesten Bruder, oft anvertraut, dass sie nie verstehen konnte, warum die letzten Briefe ihrer Mutter aus einem Kloster geschickt worden waren. Es mag sein, dass Ruth nie die wirkliche Wahrheit darüber erfuhr, wozu Grüssau zwischen 1941 und 1943 benutzt wurde. Bis heute wird diese düstere Periode der Klostergeschichte vertuscht oder einfach beschönigt, wo es nur geht. Während unserer Führung durch die Gebäude und das Gelände fragte ich unsere Führerin zweimal nach der Zeit, in der das Kloster von den Nazis beschlagnahmt worden war, aber meine Frage stieß auf eine Mauer des Schweigens.

Der spannende Höhepunkt unserer Reise nach Oberschlesien im Jahr 2018 war zweifelsohne ein Besuch des ehemaligen Wohnhauses von Louis und Jenni in der Thrömerstraße in Katscher. Alle ihre sechs Kinder, Arthur, George, Kate, Rudi, Walter und Siegbert, wurden zwischen 1885 und 1898 in Katscher geboren. Deshalb nehme ich an, dass Jenni und Louis wahrscheinlich von den späten 1800er Jahren bis zu Louis' endgültigem Auszug im Jahr 1943 in diesem Haus lebten. Drei Generationen der Familie Szwej haben nun seit 1945 in dem Haus gelebt. Dank der weltweiten Reichweite der sozialen Medien und mit etwas Glück gelang es mir, mit Kasia, der Enkelin der Person, die das Haus nach dem Krieg erworben hatte, Kontakt aufzunehmen. Über einen Zeitraum von etwa sechs Monaten vor unserem Besuch tauschten wir lange E-Mails aus, die mich nicht nur mit einer Fülle anekdotischer Details über das Haus selbst versorgten, sondern es Kasia und ihrer Familie auch ermöglichten, endlich etwas über die Familie zu erfahren, die vor ihnen dort gelebt hatte. Sie hatten schon lange vermutet, dass das Haus von einer jüdischen Familie bewohnt worden war, aber keine konkreten Informationen herausfinden können. Meine Mutter hatte das Haus immer als "Villa" bezeichnet, ein Wort, das eher an ein ziemlich großes Haus mit eigenem Grundstück denken lässt. Es stand in der Tat auf einem eigenen, weitläufigen Grundstück, das das Haus von allen Seiten umgab. Zumindest von vorne wirkte es nicht übermäßig geräumig. Das Dach, die Verzierungen an den Fenstern, die Holzarbeiten außen und das Gartengeländer und das Tor sahen genauso aus wie auf dem alten Foto des Hauses aus der Zeit um 1930, das wir nach dem Tod meiner Mutter in ihren Unterlagen gefunden hatten.

So standen meine Tochter Lucy und ich an einem frischen Septembermorgen 2018 vor dem ehemaligen Haus in der Thrömerstraße 3. Wir waren aufgeregt, aber auch ein wenig nervös. Wir machten uns Gedanken über die große Bedeutung, die ersten Familienmitglieder zu sein, die das ehemalige Haus von Louis und Jenni Böhm seit 77 Jahren betreten.

Louis und Jennis Haus um 1930

Kasia und ihre Familie waren alle sehr gastfreundlich und hatten sogar einen Dolmetscher für den Tag eingeplant, da ihre Englisch-

und Deutschkenntnisse begrenzt waren. Wir wurden mit einem köstlichen Mittagessen mit herzhafter polnischer Küche, Kuchen, Kaffee und Wein verwöhnt. Während wir um den Tisch im geräumigen Wohnzimmer saßen, in dem mein Urgroßvater so viele fröhliche Familienfeiern veranstaltet hatte, floss das Gespräch frei, als nach und nach ein Detail nach dem anderen über die Geschichte des Hauses und der Stadt auftauchte. Es war klar, dass alle inneren Holzarbeiten und Elemente im Erdgeschoss des Hauses von Kasias Familie sorgfältig erhalten und liebevoll restauriert worden waren. Die verglasten Holztüren, die hohen Decken und die verzierten Gesimse gaben uns wirklich das Gefühl, in eine andere Zeit zurückzukehren. Die oberen Etagen des Hauses waren jedoch komplett umgebaut und in ein eigenständiges Apartment verwandelt worden. Der Hauptempfangs-/Essraum im Erdgeschoss hatte sich offensichtlich seit den 1930er Jahren nicht wesentlich verändert.

Die Räume im Souterrain werden heute hauptsächlich als Lagerraum genutzt. Als Louis und Jenni im Haus lebten, hatte ihre treue Magd/Köchin, Anna Jaschke, dort, neben der Küche, ihr Quartier.

Mit der Familie Szwej, September 2018

Ein interessantes Detail, das sich während des Mittagessens herausstellte, war, dass es tatsächlich einen Aufzug gab, einen sogenannten "stummen Kellner", der benutzt wurde, um das Essen von der Küche in den Speisesaal zu transportieren. Anna arbeitete mehr als 25 Jahre lang für die Familie und blieb, so glauben wir, bis zu seinem Abtransport nach Theresienstadt bei Louis.

Das Wohnzimmer, Thrömerstraße

Auf der Rückseite des Hauses befindet sich ein großer Garten, der heute hauptsächlich als Lagerfläche genutzt wird, da viele der ursprünglichen Bäume und Sträucher längst verschwunden sind. Früher gab es im Garten einen mit Ornamenten verzierten Pavillon, den Jenni und Louis ausgiebig für besondere Anlässe nutzten, wenn die ganze Familie zusammenkam und der auf dem Foto aus den 1920er Jahren zu sehen ist (siehe Seite 25). Kasia erzählte mir, dass ihre Familie den Pavillon viele Jahre zuvor entfernt hatte, weil er baufällig geworden war. Sie haben ihn inzwischen durch einen moderneren ersetzt. Als wir uns alle im Garten in der Nähe der Stelle versammelten, an der der Pavillon früher stand, um uns am Ende unseres unglaublichen Tages in Katscher von der Familie Swezj zu verabschieden, umarmte mich Kasia plötzlich und begann unkontrolliert zu schluchzen. Nach ein paar Augenblicken schaffte sie es, sich zu beruhigen und erzählte mir in ihrem gebrochenen Englisch, wie tief sie die Geschichte der Böhms berührt hatte und wie besonders es für sie war, den Urenkel und die Ururenkelin von Louis und Jenni getroffen zu haben. Zum Zeitpunkt des Schreibens sind wir immer noch in regelmäßigem Kontakt. Wir beide haben das Gefühl, dass zwischen uns ein enges Band besteht und dass wir immer Freunde bleiben werden.

Mit Lucy vor dem Haus der Böhms

Unser letztes Ziel während unseres Polen-Abenteuers waren die Konzentrationslager Auschwitz und Birkenau. "*Arbeit macht frei*" verkündet der kunstvolle Spruch über dem Haupteingangstor des Lagers Auschwitz 1. Dieser Spruch besteht aus drei kurzen Wörtern, 15 Buchstaben und zwei Leerzeichen, die in mühevoller Kleinarbeit aus feinem Metall gefertigt und filigran verflochten wurden, als handele es sich um eine Art kunstvolles Banner aus Spitze. Und doch steht dieser einfache Satz für eine der größten Täuschungen der Neuzeit. Für die 400.000 Menschen, die zwischen 1940 und 1945 unter diesem Schild ins Lager gingen, würde weder Arbeit noch irgendetwas anderes sie jemals von einer schrecklichen Existenz aus Elend, Folter und Hunger befreien, die für die meisten mit dem Tod endete.

Auschwitz, Haupttor

Als wir an einem kühlen Septembertag im Jahr 2018 durch diese Tore gingen, konnten wir uns eines Schuldgefühls nicht erwehren, denn wir wussten, dass wir in nur wenigen Stunden einfach wieder aus dem Lager in die Freiheit spazieren könnten. Die unzähligen Bücher, Filme, persönlichen Berichte und Erzählungen, die über Auschwitz geschrieben wurden, bereiten einen überhaupt nicht auf die erschütternde, betäubende Erfahrung vor, in völliger Stille Schulter an Schulter mit weinenden Fremden durch die abschreckenden, schwach beleuchteten Korridore, Zellen und Krematorien dieses schrecklichen, tragischen Ortes zu gehen.

Meine Großmutter mütterlicherseits Clara Böhm, mein Urgroßvater Louis und mein Großonkel Siegbert waren nur drei der sechs Millionen Juden, die während des Holocausts ermordet wurden. Der Versuch, sich mit so vielen Opfern zu identifizieren, ist eine unmögliche Aufgabe. Ein Massenmord dieses Ausmaßes entzieht sich einfach dem menschlichen Verständnis. Am Tag unseres Besuchs in Auschwitz hatte ich das Gefühl, dass ich mich irgendwie mit den Opfern identifizieren muss, weil ich in gewisser Weise ein Überlebender bin. Als Jude gehöre ich zu einem Volk, das fast vollständig ausgelöscht worden war, als Hitler sich 1945 in einem Bunker in Berlin in den Kopf schoss.

Ein alter Studienfreund sagte mir einmal etwas, das ich nie vergessen habe. Er sagte, er glaube, dass wir uns, wenn wir mit etwas konfrontiert werden, das zu groß ist, um es zu begreifen, auf das Detail konzentrieren sollten, weil das Detail Teil des Ganzen ist. Wie die menschlichen Gene kann dieses Detail wertvolle Informationen über das größere Bild offenbaren. Genau das hatte ich mir bei unserem Besuch in Auschwitz vorgenommen. Keiner von uns beiden konnte auch nur versuchen, die geplante Vernichtung einer ganzen Volksgruppe zu verstehen. Wir waren entschlossen, die ausgestellten Exponate in den geordneten roten Blöcken des Lagers Auschwitz 1 zu studieren und zu versuchen, das Gesamtbild der unbeschreiblichen menschlichen Tragödie zu rekonstruieren, die sich dort abgespielt hatte.

Als die Rote Armee am 27. Januar 1945 die Lager von Auschwitz-Birkenau befreite, fand sie 43.000 Paar Schuhe, die darauf warteten, nach Deutschland verschifft zu werden, um den (nicht-jüdischen) Zivilisten zu helfen, die während der unerbittlichen Bombardierung ihrer Städte durch die Alliierten alles verloren hatten. Diese Schuhe füllten nun die Hälfte eines ganzen Barackenraums. Dies ist einer der erbärmlichsten Anblicke, die ich je gesehen habe. Auf den ersten Blick scheint dieser kleine Berg nur ein Haufen verrottenden Mülls zu sein. Aber als Lucy und ich näher an die Glasscheibe herantraten und in die Düsternis dahinter spähten, sahen wir schwarze Lederschuhe, braune Schuhe, rosa Schuhe, blaue Schuhe, trägerlose Schuhe, Pantoffeln, Schuhe mit Schnallen, Schuhe mit Riemen, Schuhe, denen die Absätze fehlten, braune, schlammverkrustete Stiefel und knallbunte Schuhe, die aussahen, als gehörten sie jungen Dorfmädchen, die in ihr Land und in das Leben verliebt waren. Und dann waren da noch die Kinderschuhe - von winzig kleinen Stiefeletten für ein Einjähriges, das seine ersten vorsichtigen Schritte macht, über vernünftige schwarze Laufschuhe für energiegeladene fünf- und sechsjährige Kleinkinder bis hin zu schickeren roten Slippern für die quirligen Teenager an der Schwelle zur Weiblichkeit.

In einer Art Trance trieben wir langsam weiter durch Räume, die bis zur Decke mit Bein-, Arm- und Krückenprothesen vollgestopft waren, vorbei an einer Vitrine mit 6.000 sortierten Haarbürsten, Kleiderbürsten, Zahnbürsten, Rasierpinseln und Kämmen. Ich stand in sprachlosem Entsetzen vor einem Berg von Koffern und Taschen von 10.000 Toten, jeder mit einem grob gemalten Namen beschmiert. Als wir den letzten Raum in Block 5 erreichten, der laut einem Schild ausschließlich den "materiellen Beweisen des Verbrechens" gewidmet ist, bemerkten wir eine ziemlich große Menschenmenge vor einer riesigen Glasvitrine, die fast die gesamte Länge des Raumes einnahm. Die meisten standen schweigend da, aber einige schluchzten leise. Wir gingen nach vorne, um einen Blick auf das zu bekommen, was sie betrachteten. Als die Rote Armee an jenem eisigen Wintertag im Januar 1945 vor der Welt ein Verbrechen enthüllte, dessen Ausmaß in der Geschichte der Menschheit beispiellos gewesen ist, war ihre vielleicht grausigste Entdeckung ein Lagerhaus voller Säcke mit menschlichem Haar, das von den Köpfen von mindestens 140.000 Menschen abgeschoren worden war. Dieses abscheuliche Zeugnis der systematischen Ermordung von Millionen unschuldiger Männer, Frauen und Kinder füllt heute einen ganzen Raum in Block 5 des

Lagers Auschwitz 1. Die Vitrine ist nur schwach beleuchtet, damit die Haare unter dem grellen Licht und der Hitze der elektrischen Lampen nicht noch mehr zerfallen. Aber als wir uns an das Glas herantasteten, um hineinzuschauen, konnten wir Berge von grauen Haaren, schwarzen Haaren, blonden Haaren, roten Haaren, braunen Haaren, strähnigen Haaren, gelockten Haaren, glatten Haaren, geflochtenen Haaren, groben Haaren und feinen Haaren erkennen. Was vielleicht am traurigsten ist: Es gab auch eine große Menge von Haaren, die eindeutig von Kindern stammten. Viele davon noch in Bündeln mit den zerfetzten Überresten von bunten Bändern und Schleifen.

Wir gingen in einer Art betäubter Stille weiter, vorbei am Eingang zum Krematorium und dem einzigen Galgen, an dem der letzte Kommandant von Auschwitz, Rudolf Höss, 1947 gehängt wurde. Wir blickten hinüber zu der Luxusvilla, die Höss so hatte bauen lassen, dass er von seinem Schlafzimmer aus seine Opfer beim Betreten des Krematoriums beobachten konnte. Wir fühlten uns emotional ausgelaugt. Wir wussten jedoch, dass uns nun der schwierigste Teil der ganzen Reise bevorstand: der Besuch des etwa zwei Kilometer entfernten Birkenau. Auschwitz 1 war ursprünglich nur als Konzentrationslager eingerichtet worden, obwohl dort später Tausende von Menschen ermordet wurden. Aber Birkenau (Auschwitz 2) war ausschließlich als Tötungsfabrik geplant und gebaut worden.

Nachdem wir aus dem Bus ausgestiegen waren, der uns vom Lager Auschwitz 1 zum Lager Birkenau gebracht hatte, gingen wir in Richtung des Haupteingangs und folgten der Eisenbahnlinie, die die Deutschen beim Bau des Lagers 1940 angelegt hatten. Wir blickten auf die Gleise, die unter dem einzelnen Wachturm aus rotem Backstein hindurchführten, durch die Tore und in das Herz des Lagers. Als wir unsere Augen entlang des Zauns schweifen ließen, wurde klar, dass dieses Lager im Gegensatz zu Auschwitz 1 in einem riesigen Ausmaß gebaut wurde und die Fläche einer kleinen Stadt einnahm. Wir gingen langsam an den Bahngleisen entlang und ließen den Haupteingang hinter uns, wobei wir beide das Gefühl der Trostlosigkeit empfanden, an diesem Ort zu sein. Wir machten uns auf den Weg zum "Selektionsbereich" und, dahinter, zu den "Duschräumen" und den Krematorien.

Das Bahngleis verlief vor uns etwa fünfhundert Meter schnurgerade durch das gigantische Selektionsgebiet, das 5.000 Menschen aufnehmen konnte, und kam an zwei großen Puffern in der Ferne kurz vor einer Baumreihe zum Stehen. Parallel zur Bahnlinie verläuft auf beiden Seiten des Selektionsgeländes ein hoher, elektrifizierter Zaun, der ursprünglich zwei getrennte Lager umschloss - rechts das Frauenlager, links das Männerlager. Als es voll in Betrieb war, konnte Birkenau bis zu 150.000 Häftlinge beherbergen, obwohl 75 Prozent der Menschen, die mit den zahlreichen Transporten aus Deutschland und darüber hinaus ankamen, direkt in die Gaskammern geschickt wurden.

Nur diejenigen, die fit genug waren, um zu arbeiten oder die einem anderen Zweck dienen konnten, durften noch eine Weile leben, bevor sie ebenfalls in den Tod geschickt wurden. Als wir weiter entlang der Bahnlinie in Richtung der Puffer gingen, erinnerte ich mich an all die anschaulichen Berichte über den Selektionsprozess in Birkenau, die ich gelesen hatte, plötzlich mit lebhafter Klarheit und Realismus. Nachdem sie mehrere Tage in stickig heißen Viehwaggons unter schrecklichen Bedingungen eingekerkert waren, wurden die Menschen, die die Reise überlebt hatten, ans Tageslicht und auf den staubigen Schotter des Selektionsbereichs geschleppt. Sie wurden aufgefordert, sich mit ihren Habseligkeiten in einer Reihe aufzustellen. Dann begann die Auslosung. Ein gestaltloser Beamter, in der Regel ein Arzt, bewegte sich mit einem Schlagstock an der Reihe entlang und führte eine knappe Sichtprüfung der Mitglieder dieser menschlichen Fracht durch. Diejenigen, die als untauglich oder gebrechlich galten, wurden nach links beordert, während die Menschen, die so aussahen, als seien sie arbeitsfähig, nach rechts beordert wurden. So wurden mit einer einfachen Armbewegung ganze Familien auf grausamste Art und Weise auseinandergerissen. Heerscharen schluchzender Menschen sahen zu, wie ihre Lieben in den Tod geschickt wurden, wohl wissend, dass sie nur kurze Zeit trauern und leiden würden, bevor sie selbst gezwungen würden, sich ihnen anzuschließen.

Wir hielten kurz vor den Eisenbahnpuffern an und dachten darüber nach, dass dies buchstäblich die Endstation für die 1,3 Millionen Juden, Roma, Polen und Menschen mit geistigen oder körperlichen Behinderungen gewesen ist, die Schätzungen zufolge zwischen 1942 und 1945 in Auschwitz-Birkenau ermordet wurden. Wir blickten über die Baumreihe hinaus auf die Überreste der Krematorien und Gaskammern, die die Deutschen kurz vor der Befreiung des Lagers durch die Rote Armee in einem überstürzten Versuch gesprengt hatten, um die Beweise ihrer grausamen Verbrechen zu verbergen. Als das Lager voll funktionsfähig war, waren die vier Hauptkrematorien drei Jahre lang ununterbrochen in Betrieb und verbrannten in jeder 24-Stunden-Periode 1.200 Leichen mit einer Effizienz, die selbst heute noch jegliche Vorstellungskraft übersteigt.

Das Konzentrationslager Auschwitz-Birkenau

Als wir an unserem letzten Abend in Breslau in der Hotelbar saßen, dachten Lucy und ich über die Ereignisse der vorangegangenen Woche nach, während wir versuchten, einige der vielen Emotionen und Eindrücke, die uns beide offensichtlich beschäftigten, in Worte zu fassen, zu teilen und irgendwie einen Sinn zu finden. Unsere emotionale Reise auf den Spuren der Familie Böhm hatte uns von einer verschlafenen Kleinstadt in Oberschlesien, in der das Leben der Familie in den Jahren zwischen 1880 und 1930 idyllisch und friedlich gewesen war, nach Breslau geführt, einer mondänen Universitätsstadt, die einst die Heimat einer der größten jüdischen Bevölkerungsgruppen in Deutschland gewesen war. In Breslau hatten wir das Mietshaus besichtigt, in dem George und Elfriede Böhm nach ihrem Auszug aus Katscher gewohnt hatten. Wir hatten schweigend in den beiden Bahnhöfen der Stadt gestanden, von denen aus verschiedene Mitglieder der Familie Deutschland verlassen mussten. Für einige Familienmitglieder sollte es der Beginn einer Reise in die Freiheit und in ein neues Leben in einem fremden Land sein. Für andere, wie Clara Böhm, war es die letzte Reise, die in einem Lager der Nazis endete.

Von dort aus fuhren wir zum Kloster Grüssau, wo Clara und andere jüdische Deportierte unter schrecklichen Bedingungen festgehalten wurden, bevor sie in Theresienstadt und Auschwitz in den Tod geschickt wurden. In der Todesfabrik Auschwitz-Birkenau schlossen wir unseren Besuch ab. Unser Rundgang durch das Lager, so bedrückend und erschütternd es auch war, zwang uns jedoch einmal mehr, über das Schicksal der sechs Millionen Juden nachzudenken, die während des Holocausts als Teil von Hitlers Masterplan zur Schaffung einer arischen Superrasse ermordet wurden.

Während des Rückflugs von Breslau kreisten meine Gedanken noch einmal um Louis und Jenni Böhm, ihre sechs Kinder und das ruhige, wohlhabende Leben und Geschäft, das sie sich in einem verschlafenen Städtchen inmitten der sanften Wiesen Oberschlesiens aufgebaut hatten. Plötzlich spürte ich eine Welle von Selbstzweifeln angesichts des riesigen Projekts, das vor mir lag. Würde ich wirklich erreichen können, was ich mir vorgenommen hatte - eine Geschichte zu erzählen, die den verschiedenen Mitgliedern der Familie und ihren individuellen Schicksalen folgt?

Würde es mir gelingen, meine Erzählung in den politischen und sozialen Kontext zu stellen, der einen solchen Einfluss auf jedes Mitglied der Familie hatte und mit den lebensverändernden Ereignissen verwoben war, die jeder einzelne von ihnen durchleben musste?

Während meiner Recherchen für dieses Buch entdeckte ich viele überraschende Fakten über die Familie Böhm. Dank der überlebenden Mitglieder der Familie, die mir großzügig Fotos, Briefe, Anekdoten, offizielle Dokumente und persönliche Berichte zur Verfügung gestellt haben, glaube ich, dass ich mir ein Bild davon machen konnte, was für Menschen die Böhms wirklich waren. Louis und Jenni wurden in einer Zeit geboren, in der die traditionellen preußisch-jüdischen Werte der Familie, harte Arbeit, Achtung des Willens Gottes und der Gemeinschaft und Vermehrung des eigenen Wohlstandes zum Wohle der gesamten Familie wichtig waren. Dies war eine ehrliche, hart arbeitende Familie, die leidenschaftlich an ihr Land glaubte und bereit war, dafür zu kämpfen und, wenn nötig, zu sterben. Vier ihrer Söhne kämpften im Ersten Weltkrieg, und zwei von ihnen, Arthur, mein Großvater, und sein Bruder George, wurden sogar mit dem Deutschen Eisernen Kreuz ausgezeichnet. Doch als die Katastrophe über sie hereinbrach und das komfortable Leben, das sich die Familie aufgebaut hatte, zu zerfallen begann, erwiesen sich die Böhms als echte Überlebenskünstler. Diejenigen Mitglieder der Familie, die Deutschland verlassen konnten, bevor das Hitler-Regime den Alltag für die Juden unmöglich machte, zeigten großen Mut, Entschlossenheit, Flexibilität und die Fähigkeit, extreme Not, persönlichen Verlust und Tragödien zu ertragen und zu überwinden.

Die Böhms waren zähe Menschen, die nicht nur fähig waren, Zeiten von fast unvorstellbarem Elend und Leid zu überstehen, sondern auch in der Lage waren, sich an die Hoffnung zu klammern und wieder aufzubauen und neue Familien, Häuser und eigene Unternehmen zu schaffen. Ich glaube, dass sie alle die Liebe zur Natur und zum Landleben teilten und sich an gutem Essen,

Lachen, stilvoller Kleidung, geschmackvollen Möbeln, Musik und Kultur erfreuten. Obwohl sie viel wohlhabender waren als viele ihrer Zeitgenossen, glaube ich nicht, dass sie im Geringsten hochnäsig oder arrogant waren. Louis war ein hoch angesehenes Mitglied der lokalen Gemeinschaft in Katscher. Er war sehr beliebt und glaubte daran, jeden fair zu behandeln, unabhängig von seiner Herkunft, seinem sozialen Status oder seinem Glaubensbekenntnis. Er war das unbestrittene Oberhaupt der Familie und genoss offensichtlich die regelmäßigen Familientreffen, die er und Jenni in ihrem Haus und Garten in der Thrömerstraße veranstalteten. Ich glaube, dass es sich um eine harmonische Familie handelte, denn in keinem der erhaltenen Briefe finden sich Hinweise auf größere Streitigkeiten oder Konflikte, obwohl es natürlich gelegentliche Unstimmigkeiten gegeben haben muss, die in den meisten Familien vorkommen.

EINE ÜBERRASCHENDE ENTDECKUNG

Die Recherchen, die ich vor dem Schreiben dieses Buches durchgeführt habe, dauerten zwei Jahre und brachten viele neue Fakten über die Familie Böhm zusammen mit einigen Überraschungen ans Licht. Die vielleicht größte Überraschung von allen war die Entdeckung, wer der wirkliche Vater meines ältesten Bruders Peter ist. Während ich mitten in den Nachforschungen über die Herkunft meiner Mutter steckte, geriet ich auf eine Art Nebenschauplatz, denn es war nie klar, wer Peters Vater eigentlich war. Im ersten Teil des Buches hatte ich angedeutet, dass der Hauptverdächtige immer Fritz Pelikan gewesen war, der aus der gleichen Gegend wie meine Mutter stammte und den sie recht gut gekannt hatte, bevor sie 1939 nach England ging. Tatsächlich waren die Familien Pelikan und Böhm gut miteinander bekannt, und es gab sogar eine Vermutung innerhalb der Familie, dass Ruth und Fritz inoffiziell verlobt waren. Meine Mutter kam im Mai 1939 in England an. Fritz Pelikan folgte im Juli desselben Jahres. Wie viele junge jüdische männliche Flüchtlinge wurde Fritz bei seiner Ankunft in Großbritannien auf dem Weg in die Vereinigten Staaten in das Lager Kitchener in der Nähe von Sandwich in Kent geschickt. Auf der Ausländerkarte, die er bei seiner Landung in Dover erhielt, stand:

Die Landeerlaubnis wird hiermit in Dover unter der Bedingung erteilt, dass der Inhaber sich unverzüglich zum Richborough (Kitchener) Refugee Camp begibt, sich sofort bei der Polizei meldet und bis zu seiner Auswanderung im Lager bleibt.

Die Kitchener-Häftlinge genossen ein hohes Maß an Freiheit und durften sogar tagsüber das Lager verlassen und Ausflüge in die nähere Umgebung machen. In seinem Buch *From Dachau to Dunkirk* beschreibt Fritz seine Zeit im Kitchener-Lager sehr detailliert. Er war anscheinend mit einer örtlichen Dame, Joyce Piercy, und ihrer Schwester befreundet, die beide ein großes Interesse an vielen der jungen jüdischen Männer hatten, die im Lager ankamen. Wie bereits im ersten Teil erwähnt, wurde Fritz oft zum Nachmittagstee bei den Piercy-Schwestern eingeladen und verbrachte sogar Weihnachten 1939 bei ihnen zu Hause. Die Piercy-Schwestern waren auch Clara Böhm bekannt, da sie sie in einem oder zwei ihrer Briefe an Ruth erwähnte. Möglicherweise waren sie sogar daran beteiligt, dass Clara ein Ausreisevisum für Deutschland erhielt, das sie aber tragischerweise nie in Anspruch nehmen konnte. Anfang Dezember 1939 gab Ruth ihre Arbeit bei der Familie Sadler in Abbots Langley auf und reiste nach Kent, vermutlich um sich mit Fritz zu treffen. Es könnte sogar sein, dass sie auch Weihnachten bei den Piercys verbrachte. Anfang 1940 gelang es Fritz Pelikan, dem Pioneer Corps beizutreten, einer Abteilung der britischen Armee, die ausländische Staatsangehörige rekrutierte. Ruth wurde im Februar 1940 schwanger, und einen Monat später verließ Fritz das Vereinigte Königreich in Richtung Frankreich. Er überlebte den Krieg und zog nach seinem Ausscheiden aus der Armee 1948 mit seiner Frau Vera in den Norden Londons, wo er ein Teppichgeschäft eröffnete, das er bis zu seinem Tod im Jahr 1993 führte. Nach dem Krieg änderte er seinen Namen in Fred Pelican.

In ihren Briefen an ihre Mutter aus dieser Zeit gibt es nicht den Hauch eines Zweifels, dass Ruth Clara glauben lassen wollte, Fritz sei Peters Vater - oder sie glaubte tatsächlich selbst daran, dass Fritz der Vater war. Auch ein Brief, den Ruth Anfang August 1941 von Fritz' Mutter erhielt, macht unmissverständlich klar, dass Ruth ihrer Mutter und den Pelikans gesagt haben muss, dass Fritz der Peters Vater ist:

> *Papa und ich haben vor Freude über den kleinen Peter geweint. Ich bin froh, dass Fritz gesund ist und dass er sich über den kleinen Peter freut. Wie gerne würde ich mein erstes Enkelkind hier bei mir haben.*

Meine Mutter hat mir jedoch immer erzählt, dass Peters Vater eine Ausbildung zum Arzt gemacht hatte und dass er während der D-Day-Kampagne im Juni 1944 gefallen war. Sie hat mir auch oft ein Foto von Peters Vater gezeigt. Nachdem ich das Buch von Fritz Pelikan gelesen hatte, das mehrere Fotos von ihm enthielt, kam ich zu dem Schluss, dass dies nicht derselbe Mann sein konnte, von dem Ruth behauptet hat, er sei Peters Vater gewesen. Es gab keinerlei physische Ähnlichkeit mit der Person auf den Fotos in dem Buch. Außerdem hatte Fritz Pelikan keinerlei medizinische Ausbildung. So kam ich im Frühjahr 2018 zu dem Schluss, dass Peters wirklicher Vater jemand anderes gewesen sein muss.

Als Teil meiner Vorbereitung auf das Schreiben des Buches übersetzte ich eine große Anzahl von Briefen, die sich im Besitz meiner Mutter befanden, als sie starb. Einer dieser Briefe war 1942 von einem Mann namens Emil Brand aus New York an sie geschickt worden. Meine anschließenden Nachforschungen über Emil Brand ergaben, dass er 1912 in Wien geboren wurde. Dort besuchte er bis Mai 1939 die medizinische Fakultät. Er war zu dem Zeitpunkt gezwungen, Österreich zu verlassen, weil nach dem Anschluss das tägliche Leben für österreichische Juden unmöglich geworden war. (Der "Anschluss" bezeichnet die Annexion Österreichs am 12. März 1938).

Emil Brand um 1935

Er schaffte es, über Belgien nach England zu kommen und wurde sofort in das Kitchener-Lager geschickt. Da er in Österreich gelebt hatte und meine Mutter in Deutschland, ist es unwahrscheinlich, dass sie sich getroffen haben, bevor sie beide nach England gingen. Aber es ist klar, dass sie sich irgendwann zwischen Mai 1939 und Februar 1940 getroffen haben, als Peter gezeugt wurde. Wir können nur spekulieren, wie die beiden sich kennengelernt haben. Die wahrscheinlichste Erklärung ist, dass sie sich durch Emils Schwester Lilly kennengelernt haben. Lilly hatte, wie meine Mutter, eine Stelle als Haushaltshilfe bei einer Familie im Norden Londons bekommen, unweit von Abbots Langley, wo meine Mutter für die Familie Sadler gearbeitet hatte. Außerdem war das "Lyons Corner House" in der Nähe von The Strand in London sowohl vor als auch während des Zweiten Weltkriegs ein beliebter Aufenthaltsort für jüdische Flüchtlinge. Für meine Mutter und Lilly Brand bedeutete das nur eine kurze Zugfahrt. Wurde Ruth Böhm Emil von seiner Schwester im" Lyons Corner House" irgendwann in der zweiten Hälfte des Jahres 1939 zum ersten Mal vorgestellt? Wir werden es nie mit Sicherheit wissen. Diese Theorie scheint jedoch die plausibelste zu sein. Da bekannt ist, dass Emil

Brand auch mit den Piercy-Schwestern bekannt war, hätte er meine Mutter auch durch sie kennengelernt haben können. Ein weiterer ziemlich faszinierender Aspekt dieses Geheimnisses ist, dass Clara in einem Brief, den Ruth am 6. Juni 1941 von ihrer Mutter erhielt, verrät, dass Emil tatsächlich mit ihr in Verbindung stand:

> *Ich war sehr erstaunt, einen Brief von Emil Brand aus New York zu bekommen. Ich habe ihm bereits eine Antwort geschickt. Er hätte schon längst schreiben können. Sein Brief war auf den 29. April datiert und brauchte etwa vier Wochen, um mich zu erreichen.*

Wenn Ruth und Emil nur eine kurze Affäre miteinander hatten, ist es schwer zu verstehen, warum er sich die Mühe gemacht hat, Clara zu schreiben, vermutlich um sich vorzustellen. Außerdem scheint die Formulierung "*er hätte schon längst schreiben können*" in ihrem Brief darauf hinzudeuten, dass Clara erwartet hatte, dass Emil mit ihr Kontakt aufnimmt. Das bedeutet, dass Ruth bereits mit ihrer Mutter über ihre Beziehung zu ihm gesprochen haben muss. Der Ton von Claras Brief lässt mich glauben, dass die Beziehung zwischen Emil und Ruth mehr war als nur eine flüchtige Kriegsromanze. Außerdem geht aus seinem Brief von 1942 hervor, dass Emil wusste, dass meine Mutter ein Kind hatte. Nichts im Ton des Briefes deutet jedoch darauf hin, dass er entweder wusste oder glaubte, dass er der Vater war, obwohl er sich nicht zurückhält, seine Meinung darüber zu äußern, wie Ruth das Kind erziehen sollte (siehe Auszug unten). Wenn Ruth zu diesem Zeitpunkt wusste, dass er der wirkliche Vater war, wird es für immer ein Rätsel bleiben, warum sie es ihm nicht sagte. Was auch immer ihre Gründe waren, sie behauptete immer, dass Peters Vater im Juni 1944 gestorben ist.

> *Es wäre viel, viel besser, wenn Du einen Job in einer Fabrik annehmen würdest und Peter in eine Kinderkrippe geben könntest, damit Du auch ein Leben für Dich selbst haben kannst. Wenn man eine Arbeitsstelle mit Unterkunft hat, muss man 24 Stunden am Tag verfügbar sein. Es wäre viel besser für Peter, wenn er unter anderen Kindern und (in einer*

Kinderkrippe) aufwachsen könnte. So wäre er wenigstens gut versorgt, während Du arbeitest. Nimm nicht noch einen Job als Haushaltshilfe an, der ohnehin nicht leicht mit einem Kind, das Du zu versorgen hast, zu bekommen wäre, denn dann wärest Du in dem Job sehr gehandicapt.

Und das wäre das Ende der Geschichte gewesen, wenn ich nicht im Laufe des Jahres 2018 entdeckt hätte, dass Emil, der 2001 in Florida starb, eine Tochter hatte, die noch am Leben war und im Staat New York lebte. Wieder einmal konnte ich dank des Internets, verschiedener Suchmaschinen und der unschätzbaren Ancestry-Website seine Tochter, Ellen Brand, ausfindig machen. Es gelang mir sogar, ihre E-Mail-Adresse zu finden.

Ich leitete daraufhin alles, was ich über Emil und Ellen herausgefunden hatte, an meinen Bruder Peter in Sydney weiter. Unnötig zu sagen, dass er einige Zeit brauchte, um all diese neuen Informationen zu verarbeiten, bevor er sich entschied, was er als nächstes tun sollte. Nach ein paar Monaten nahm er all seinen Mut zusammen und schrieb Ellen Brand. Nach einer längeren Verzögerung antwortete Ellen schließlich.

Peter Vincent und Ellen Brand, Juli 2019

Obwohl sie fast nichts über die Zeit ihres Vaters in England oder seine Verbindung zu meiner Mutter wusste, stimmten sie und Peter zu, einen DNA-Test zu machen, um festzustellen, ob sie wirklich verwandt waren. Das Ergebnis war unmissverständlich. Sie waren tatsächlich Halbschwester und -bruder. So hatte mein Bruder im fortgeschrittenen Alter von 78 Jahren endlich herausgefunden, wer sein richtiger Vater war, und dabei auch eine Halbschwester bekommen, ganz zu schweigen von einer Großfamilie in den Vereinigten Staaten.

Aber das absolute i-Tüpfelchen war für mich Anfang 2019 ein faszinierendes Postskriptum zu dieser Geschichte. Emil Brand hatte 1996 im Rahmen des Steven Spielberg Shoah Foundation Holocaust Survivor Stories Programms ein einstündiges Video-Interview aufgenommen, in dem er ausführlich über sein frühes Leben in Wien, seine Flucht aus Deutschland, seine Zeit in England und das neue Leben, das er sich und seiner Familie in den Vereinigten Staaten aufgebaut hatte, spricht. Die Familie Brand hat mir dieses Video freundlicherweise zur Verfügung gestellt. Bis zu diesem Zeitpunkt war Emil Brand nicht mehr als ein Name am Ende eines Briefes oder am Anfang eines offiziellen Dokuments gewesen. Doch nun saß mir zum ersten Mal ein richtiger Mensch gegenüber, ein rüstiger und aufgeweckter 84-Jähriger, der direkt in die Kamera schaute und aus seinem faszinierenden Leben erzählte. Es war eine fantastische Erfahrung, etwas über ihn und seine Tochter Ellen herauszufinden. Und es war zweifellos einer der Höhepunkte des gesamten Forschungsprojekts.

Der vorangegangene Bericht ist mein Versuch, die Geschichte von drei Generationen der Böhms, einer wohlhabenden jüdischen Familie aus Oberschlesien, über einen Zeitraum von fast 100 Jahren zu erzählen, in denen sich das Leben jedes einzelnen Familienmitglieds unwiderruflich verändern sollte. Zwar gibt es seit dem Ende des Zweiten Weltkriegs Tausende von Geschichten von Holocaust-Überlebenden, die geschrieben wurden. Darüber hinaus gibt es unzählige Dokumentationen, Hollywood-Filme, persönliche Interviews und lange Zeitungsartikel, die alle versucht haben, etwas von der Verzweiflung, der Hoffnungslosigkeit, der Tragödie, der Unverwüstlichkeit und dem schieren Überlebenswillen jener Juden einzufangen, die während des Holocausts lebten und starben. Aber dies ist die Geschichte *meiner*

Familie. Diese Tatsache macht, glaube ich, den obigen Bericht umso ergreifender und relevanter.

Wie ich bereits erwähnt habe, war es mein persönliches Ziel beim Schreiben dieses Buches, zu versuchen, so viel von der Geschichte wie möglich aus dem Blickwinkel eines Mitglieds der vierten Generation der Familie zu rekonstruieren. Bis Mitte 20 wusste ich sehr wenig über den familiären Hintergrund meiner Mutter, die sich zu diesem Zeitpunkt bereits dem Ende ihres Lebens näherte. In den etwa 40 Jahren, die seither vergangen sind, habe ich viele gemischte Gefühle in Bezug auf mein jüdisches Erbe gehabt. Es gab Zeiten, in denen ich mit meinem eigenen Identitätsgefühl im Lichte meines neu erworbenen Wissens über den Hintergrund meiner Mutter gerungen habe.

Heute kann ich jedoch sagen, dass ich nie stolzer auf meine deutsch-jüdische Herkunft war. Ich hoffe, dass dieses Buch sowohl für die jetzige als auch für zukünftige Generationen der Familie Böhm von bleibendem Interesse und Wert sein wird. Die Zusammenstellung des Stammbaums, die Recherchen, die ich über einzelne Familienmitglieder angestellt habe und die Wiederbelebung ihrer wirklich bemerkenswerten Geschichte hat sich für mich als eine immens bereichernde Reise erwiesen. Obwohl sie mich fast drei Jahre lang beschäftigt hat, war sie zweifellos eine der erfüllendsten Erfahrungen meines ganzen Lebens.

EPILOG

Zu Beginn dieses abschließenden Kapitels befindet sich die Welt an verschiedenen Fronten in einer Krise. Zum einen befinden wir uns derzeit mitten in der COVID-19-Pandemie. Es ist eine unausweichliche Tatsache, dass diese lähmende Krankheit bereits in über 200 Ländern einen schrecklichen menschlichen Tribut gefordert hat. Über 80 Millionen Menschen sind infiziert worden, ganz zu schweigen von den katastrophalen Auswirkungen, die die Pandemie weltweit auf die Aktienmärkte und das Vertrauen der Wirtschaft hat. Zweifellos wird das noch viele Jahre lang schlimme Folgen haben. Die Zahl der Todesopfer und das Ausmaß des menschlichen Leids und der wirtschaftlichen und sozialen Probleme und Schäden, die als Folge dieser globalen Geißel entstanden sind, sind wirklich erschütternd. Ganze Länder haben sich in einer "Lockdown"-Situation befunden. Für viele Menschen ist das normale, alltägliche Leben praktisch zum Stillstand gekommen. Millionen von Menschen auf der ganzen Welt sind wie Gefangene in ihren Häusern eingesperrt und können nur hilflos zusehen, wie die vertrauten Eckpfeiler ihres Alltagslebens Stück für Stück wegbrechen. Niemand weiß, wann und wie dieser Alptraum enden wird. Wir können sicher sein, dass zumindest für viele von uns das Leben nie wieder ganz so sein wird wie zuvor.

Zum anderen ist nach Hunderten von Jahren des egoistischen Missbrauchs durch die menschliche Rasse, die von ihrer eigenen Selbstherrlichkeit besessen und von zügellosem Konsumverhalten getrieben wird, nun unser gesamter Planet in Gefahr. Die Überflutung der Atmosphäre mit giftigen Kohlenstoffen, die Zerstörung der weltweiten Regenwälder und die Ausbeutung der Erde ihrer wertvollen natürlichen Ressourcen kann nur noch eine gewisse Zeit lang weitergehen. Wir sind jetzt gefährlich nahe am Scheideweg, über den hinaus es keinen Weg zurück gibt, keine Möglichkeit, das empfindliche Gleichgewicht der Natur wiederherzustellen und keine Möglichkeit, die Erde in ihr einst schönes und harmonisches Gleichgewicht zurückzuführen. Nimmt man dazu noch eine Weltbevölkerung, die sich rasant der Zehn-Milliarden-Grenze nähert, Armut und Hunger in den unterentwickelten Ländern und eine völlig ungleiche Verteilung des Reichtums - mehr als 90 Prozent des gesamten Geldes auf der ganzen Welt befindet sich in den Händen von weniger als 10 Prozent der Bevölkerung - dann stehen wir vor einer globalen humanitären Krise von wahrhaft apokalyptischen Ausmaßen.

Drittens: In weiten Teilen der entwickelten Welt, insbesondere in den USA, Europa, Südamerika und dem Nahen Osten, ist die politische Landschaft komplett auf den Kopf gestellt worden. Man kann mit Fug und Recht sagen, dass Populismus an die Stelle von Prinzipien getreten ist. Millionen von Bürgern in vielen Ländern haben das Vertrauen in ihre Politiker ganz und gar verloren. Die bisher sichere, gemäßigte Mitte ist im Verschwinden begriffen. Millionen von Wählern, wenden sich zunehmend der extremen Rechten zu und sind oft geneigt, gefährliche Persönlichkeiten anstatt gestandene Politiker an die Macht zu bringen. Infolgedessen wurde wahre Demokratie abgebaut. Mehrere Länder sind nun gefährlich nahe daran, faschistische Staaten zu werden. Darüber hinaus sind Antisemitismus und andere Formen religiöser und rassistischer Intoleranz und Verfolgung wieder stark im Vormarsch. Es wird geschätzt, dass in den letzten sieben Jahren etwa 70 Millionen Menschen aufgrund von Kriegen, religiöser

Verfolgung oder Armut aus ihrer Heimat vertrieben wurden. Diese Menschen versuchen nun verzweifelt, sich anderswo ein neues Leben aufzubauen. Viele Industrieländer haben jedoch auf grausame Weise beschlossen, ihre Grenzen für jeden zu schließen, der nicht dazugehört und nicht "einer der ihren" ist.

Unsere Welt ist eine ganz andere als die, in der mein Urgroßvater Louis Böhm aufgewachsen ist. Nach meiner Einschätzung gibt es derzeit etwa 80 überlebende Nachkommen von Louis und Jenni Böhm. Sie alle spüren bis zu einem gewissen Grad bereits die Auswirkungen unserer sich schnell verändernden Welt, wie oben beschrieben. Für viele von uns ist das Leben nicht mehr so angenehm wie früher. Wir können nicht mehr sicher sein, was die Zukunft für uns bereithält. Doch ich wage zu behaupten, dass die Angst und die Ungewissheit, die die vierte, fünfte und sechste Generation der Familie Böhm empfindet, nichts ist im Vergleich zu dem, was unsere Vorfahren während der Zeit des Zweiten Weltkriegs und des Holocausts ertragen mussten. Louis und Jenni waren ein hingebungsvolles Paar, das über einen Zeitraum von 40 Jahren eine große Familie großzog und ein florierendes Textilgeschäft aufbaute. Sie vermittelten ihren Kindern die bewährten, traditionellen Werte wie Toleranz, Fairness, Glaube an Gott, Gemeinschaftssinn und Menschlichkeit. Sie waren überzeugt, dass sie ihren Nachkommen ein festes Fundament mitgegeben hatten, auf dem sie für sich und ihre jeweiligen Familien ein glückliches und erfolgreiches Leben aufbauen konnten.

Ich glaube, wenn Louis und Jenni katholisch oder evangelisch gewesen wären, hätten sich ihre Hoffnungen und Wünsche für ihre Kinder voll erfüllt. Aber sie waren Juden. Nachdem Hitler 1933 an die Macht gekommen war, war das Schicksal dieser anständigen bürgerlichen Familie aus einer kleinen Stadt in Oberschlesien besiegelt. Infolge der Rassengesetze von 1933 brach der seit Generationen schwelende Antisemitismus in der deutschen Gesellschaft plötzlich an die Oberfläche und katapultierte das Land in eines der dunkelsten Kapitel der Menschheitsgeschichte. Ich bin überzeugt, dass Louis und Jenni, wenn sie länger gelebt hätten, unheimlich stolz auf Arthur, George, Kate und Walter gewesen wären, die einzigen vier Mitglieder der zweiten Generation der Familie Böhm, die das Glück hatten, die Schrecken des Holocaust zu überleben.

Trotz seiner vielen Fehler hatte Arthur es geschafft, mehr als sechs Jahre lang unter den sehr schwierigen Umständen während des Zweiten Weltkriegs in Manila zurechtzukommen. Ich glaube, dass er ein kluger Mensch mit gutem Instinkt und natürlichem Charme war. Das hat ihm zweifellos sehr geholfen, Freunde zu finden und Leute zu überreden, ihm einen Gefallen zu tun. Er hatte schon immer Geld, feine Kleidung, gutes Essen und Wein, die Natur, Reisen, Abenteuer und vor allem Frauen geliebt. Es gibt kaum Zweifel daran, dass er ein Frauenheld war. Es gibt zahlreiche Familienanekdoten, die dies zu belegen scheinen. Laut Kate war Arthur damit beschäftigt, eines der Dienstmädchen im Erdgeschoss zu verführen, während Clara oben ihre erste Tochter Ilse zur Welt brachte. Jahre später, nach seiner Ankunft in Sydney, lebte er bei einer gewissen Mrs. Pengelly in Sydney, die eigentlich seine Vermieterin war. Doch als sein Enkel Ronny Hirsch ihn einmal besuchte, saß Arthur in einem Sessel mit Mrs. Pengelly auf seinem Schoß, die ihre Arme amourös um seinen Hals schlang. Es ist ein bizarrer Zufall, aber wahr, dass diese Dame, bevor sie nach Australien auswanderte, in Südwales gelebt hat. Für eine kurze Zeit war sie eine Freundin meines Vaters. Vielleicht könnte man Arthur am besten als einen "liebenswerten Schurken" beschreiben, der, da bin ich mir sicher, nie sein volles Potenzial im Leben ausschöpfte. Nachdem ich alles, was ich über ihn weiß, überprüft habe, komme ich zur Erkenntnis, dass nach der Aufregung, im Großen Krieg für das Vaterland zu kämpfen und mit dem Eisernen Kreuz ausgezeichnet zu werden, alles, was danach kam, sich als ein enttäuschender Abschluss erwies. Er war ziemlich eitel, immer tadellos gekleidet, hatte eine hohe Meinung von sich selbst und hielt sich für einen geschickten Geschäftsmann, was er ganz sicher nicht war. Er schien am meisten daran interessiert zu sein, ein "gutes Leben" mit möglichst wenig Aufwand zu leben. Er begeisterte sich für die Natur, interessierte sich auch für Landwirtschaft und liebte Reisen und Abenteuer.

Arthur Böhm

Obwohl er nach seiner Ankunft in Sydney im Jahr 1946 keine sinnvolle Arbeit fand und immer von finanziellen Schwierigkeiten geplagt zu sein schien, glaube ich, dass er in seinen späteren Jahren vor seinem Tod im Jahr 1970 einigermaßen Frieden und Erfüllung fand. Traurigerweise lernte er infolge des dauerhaften Zerwürfnisses mit seiner jüngsten Tochter Ruth im Jahr 1954 die fünf Enkelkinder, die er in Großbritannien (auf meiner Seite der Familie) hatte, nie kennen. Trotz zwei weiterer Enkelkinder in Sydney (Ronny und Tamar) und einer Großfamilie, zu der sein Bruder, seine Schwester und verschiedene Neffen und Nichten gehörten, glaube ich, dass er in seinen letzten Jahren ein weitgehend einsames Leben führte. Eine Zeit lang lebte er auf Bribie Island, direkt vor der Küste von Queensland, wo er einen kleinen Bauernhof mit Hühnern und Schweinen hatte. Als er in Manila war, hatte er auch ein Hausschwein, das er "Nuchie" nannte und an dem er offenbar sehr hing. Ich bin mir sicher, dass er auf Bribie Island sehr glücklich gewesen wäre. Seine letzten Monate verbrachte er in einem Pflegeheim in sehr schlechtem Gesundheitszustand. Selbst hier weigerte sich Arthur, die Gewohnheiten eines ganzen Lebens aufzugeben und gab nie auf, die Krankenschwestern zu verführen. Zum Zeitpunkt der Niederschrift dieses Buches gibt es 29 direkte Nachkommen von Arthur Böhm. Seine beiden Töchter, Ilse und Ruth, haben ihm fünf überlebende Enkel, 12 Urenkel und 12 Ururenkel hinterlassen.

Kate war die erste der Böhms, die die volle Wucht der Welle von Hass und Ressentiments zu spüren bekam, die nach der Volksabstimmung von 1921 auf die deutschen Juden in Oberschlesien überschwappte. Sie und ihr Mann Henry waren gezwungen, tatenlos zuzusehen, wie eine Flut antijüdischer Gefühle ihre Existenzgrundlage vernichtete und ihre Hoffnungen, ihren Glauben an die Menschlichkeit und schließlich jede Chance auf ein normales Leben zerstörte. Wir können uns nicht vorstellen, wie es gewesen sein muss, zuzusehen, wie das erfolgreiche Geschäft, für dessen Aufbau sie so hart gearbeitet hatten, von Leuten niedergebrannt wurde, die vorher nur gute Nachbarn waren, aber plötzlich zu ihren Feinden wurden. Aber Kate und Henry waren aus starkem Holz geschnitzt und ließen sich nicht entmutigen. Sie zogen in eine andere Gegend, gründeten ein neues Geschäft und machten mit ihrem Leben weiter.

Trotz der weiteren Tragödie, die Kate 1955 traf, als sie innerhalb von sechs Monaten sowohl ihren Mann als auch ihre Tochter verlor, fand sie wieder die nötige Kraft und den Willen, weiterzumachen. Aber 13 Jahre später, 1968, traf Kate ein weiterer Schlag, als ihr Sohn Gary an Krebs starb. Zu diesem Zeitpunkt dachten viele in der Familie, dass dieses Ereignis den Anfang vom Ende für sie markieren würde, aber nur sechs Wochen später nahm sie ihr Lieblingshobby, das Kartenspielen, wieder auf und schaffte es, sich aufzuraffen und weiterzuleben. Nachdem sie ihr Haus 1965 an Bauunternehmer verkauft hatte, kaufte sich Kate eine Wohnung in Randwick, Sydney in der sie bis 1980 lebte. Dann wurde sie überredet, in das Montefiore Home in der Gegend von Hunters Hill zu ziehen, wo sie den Rest ihres Lebens verbrachte.

Kate Böhms 100. Geburtstag

Im Jahr 1963, im Alter von 69 Jahren, bestand sie sogar ihre Führerscheinprüfung, kaufte sich einen Morris Mini und wurde nach allem, was man hört, zu einem absoluten Schrecken im Straßenverkehr. Wie durch ein Wunder wurde sie nie für ihre vielen Gesetzesübertretungen bestraft. Neben ihrer Leidenschaft für das Kartenspiel liebte sie es auch, Zeit in der örtlichen B'nai B'rith-Loge zu verbringen.

Heute gibt es 24 überlebende Nachkommen von Kate Böhm und Henry Schweiger. Ihre Tochter Steffi und ihr Ehemann Walter Freeman hatten zwei Kinder. Susan und Stephen, die immer noch in Sydney leben, haben ihren Teil dazu beigetragen, die fünfte Generation der Familie Böhm zu erweitern, indem sie zusammen vier Kinder und vier Enkelkinder hervorgebracht haben. Steffis Bruder, Gary, und seine Frau, Joyce Watson, hatten drei Kinder, Katryn, Michael und David, die zusammen fünf Kinder und acht Enkelkinder hervorgebracht haben. Katryn lebt mit ihrem Partner Ron in der Grampians-Region in Victoria, während einer ihrer Brüder, Michael, in den Vereinigten Staaten lebt.

Kate Böhm überlebte den Holocaust. Sie war von ihren deutschen Mitbürgern als Paria gebrandmarkt worden, wurde systematisch aus ihrer Heimat und ihrem Land vertrieben und musste den Verlust von Mitgliedern ihrer Familie in den Todeslagern erleiden. Es ist mir unbegreiflich, wie Kate den Willen fand, weiterzuleben, besonders nach ihren tragischen Verlusten 1955 und 1968. Aber sie lebte weiter und schaffte es sogar, ihren 100. Geburtstag 1995 stilvoll zu feiern (siehe oben). Sie starb kurze Zeit darauf im selben Jahr. Kate Böhm war eine wirklich außergewöhnliche Frau, die sich hartnäckig weigerte, sich vom Leben unterkriegen zu lassen. Als einzige Tochter von Louis und Jenni bewies sie immer wieder, dass sie die unangefochtene Matriarchin der Familie war und die besten Eigenschaften verkörperte, die ihre Eltern ihr mitgegeben hatten. Ich möchte dieser wirklich bemerkenswerten Frau meine allerhöchste Achtung zollen.

George Böhm

Wie seine Schwester war auch George Böhm aus starkem Holz geschnitzt. Er bewies immer wieder, dass auch er sich erfolgreich ein neues Leben in einem anderen Land aufbauen konnte. Mit einem florierenden Zahnlabor in Sydney und seiner Familie in der Nähe, lebte sich George sehr gut in sein neues Leben in Sydney ein, wohin er nach dem Krieg aus Shanghai gekommen war. Er hatte sogar das Glück, in seiner zweiten Frau, Fanny Epstein, die im Dezember 1938 von Bremen aus nach Australien gesegelt war, wieder eine Liebe zu finden. Heute gibt es 26 überlebende Nachkommen von George Böhm. Sein Sohn Henry und seine Frau Lilly haben vier Töchter, die alle noch in Australien leben. Die vier Böhm-Mädchen haben maßgeblich zur Vergrößerung der Familie beigetragen, denn sie haben zusammen 11 Kinder und 11 Enkelkinder. Innerhalb von nur 13 Jahren, beginnend 1885, gelang es Louis und Jenni Böhm, obwohl sie eines der dunkelsten und tragischsten Kapitel der Menschheitsgeschichte durchlebten, die Anfänge einer Dynastie zu schaffen, die die ganze Welt umspannen sollte und 160 Jahre später immer noch floriert. Heute sind die vielen Nachkommen von Louis und Jenni Böhm über Australien, das Vereinigte Königreich, Israel und die Vereinigten Staaten verteilt.

Wiedersehen der Familie Böhm/Vincent, Sydney 1986

Dieses anständige, bescheidene bürgerliche Ehepaar aus dem ländlichen Oberschlesien betrieb während seines gesamten Berufslebens ein florierendes Tuchgeschäft. Es besteht kein Zweifel daran, dass das Betreiben eines Ladengeschäft den Böhms im Blut lag, da diese Tradition über die Jahre durch verschiedene Zweige der Familie fortgesetzt wurde. Georges Sohn Henry und seine Frau Lily führten ebenfalls viele Jahre lang ein erfolgreiches Kurzwaren- und Bekleidungsgeschäft, ebenso wie Ilses Tochter Tamar und ihr Mann Werner. Kate und Henry gründeten und leiteten im Laufe ihres Lebens mehrere Schuhgeschäfte. Ihr Sohn Gary übernahm, diese Tradition und gründete ein Einzelhandelsgeschäft in Cooma, New South Wales, das sich zunächst mit der Lieferung von Schutzschuhen für die Arbeiter des Snowy Mountain Hydro-Electric-Projekts befasste. Ilses Sohn, Ronny Hirsch, war viele Jahre CEO der WC Penfold Group, die einst die größte Schreibwarenkette Australiens war.

Aber viele der Böhm-Nachkommen sind auch in einer Vielzahl anderer Berufe, die nichts mit dem Einzelhandel zu tun haben, erfolgreich. Dazu gehören das Rechtswesen, psychische Gesundheit, Wirtschaft, Buchhaltung, Kommunalverwaltung, Verkauf, Personalwesen, Gastgewerbe, Mode, Tourismus, Unterricht, Transport und Logistik, Bibliothekswesen sowie Kunst und Unterhaltung. Gary Schweiger war schon immer ein begeisterter Skifahrer. Die große Begeisterung, seine Leidenschaft für diesen Sport teilte er mit seinen Kindern. Seine Tochter Katryn qualifizierte sich sogar für die Olympischen Winterspiele 1964. Leider fand ihre professionelle Skikarriere später durch einen schweren Autounfall ein jähes Ende. Katryns Bruder Michael absolvierte das National Institute of Dramatic Arts an der Seite von Mel Gibson und führt heute von seinem Haus in Long Island aus eine erfolgreiche Entertainment Firma. Eine von Henry Böhms Töchtern, Jenni, arbeitete mehrere Jahre lang als Maskenbildnerin für das Fernsehunternehmen ABC und ließ sich später zur Kunsttherapeutin umschulen. Arthur Böhm spielte als junger Mann Geige und war auch ein begeisterter Tänzer. Clara war eine versierte Pianistin, so dass die Liebe zur Musik und das Talent zum Tanzen etwas ist, was sie an ihre Töchter weitergegeben haben, besonders an Ruth, meine Mutter. Mein jüngerer Bruder Ken ist ein talentierter Gitarrist. Ich habe seit 50 Jahren eine leidenschaftliche Liebe zum Klavier und allen Arten von Musik entwickelt. Selbst jetzt vergeht kaum ein Tag, an dem ich nicht am Klavier sitze und etwas von Bach, Mozart oder Gershwin spiele. Mein ältester Bruder Peter hat das Tanztalent meiner Mutter geerbt. Als junger Offizier in der Handelsmarine konnte man ihn oft im Atlantik oder Pazifik antreffen, wo er einer bunt zusammengewürfelten, dunkelhäutigen Deckmannschaft an Bord eines BP-Öltankers Tanzunterricht gab. Ilses Tochter, Tamar, ist eine versierte Bildhauerin und Malerin.

Henry Böhm, Lilly und Familie 2003

Ruths Lieblingscousin Henry und seine Frau Lilly führten eine lange, glückliche Ehe, die unglaubliche 57 Jahre andauern sollte, bevor Henry 2015 starb. Seine Töchter erinnern sich an ihn als einen freundlichen, sanften, lebenslustigen Mann, dessen Priorität immer darin bestand, einfach für seine Familie zu sorgen. Er war offenbar sehr großzügig mit seiner Zeit und hatte eine besondere Gabe, jeden, den er traf, so zu behandeln, als wäre er ein vertrauter alter Freund. Er sprach oft mit großer Zuneigung über sein frühes Leben in Katscher und die wunderbaren Gelegenheiten und die Zeit, die er mit seinen Großeltern und Cousins verbringen konnte.

Trotz der Tragödie, die seiner Familie während des Holocausts widerfuhr, und seiner eigenen schrecklichen Tortur an Bord der Dunera, äußerte Henry nie Bitterkeit über diese Ereignisse oder über die Zerstörung seiner Heimat während des Dritten Reiches. Er betrachtete sich als wohlhabenden Mann, aber nicht in monetärer Hinsicht. Er liebte nichts mehr, als sich im Garten zu entspannen, eine Zeitung zu lesen und einfach die ruhige Harmonie des Familienlebens zu genießen. Seine älteste Tochter Susan beschreibt ihn als einen echten "Mentsch" (Jiddisch: ein aufrichtiger und integrer Mann von Ehre).

Nachdem sie sich 1957 gefunden hatten, verbrachten Ilse und Walter in der Folge 47 glückliche Jahre miteinander, bevor Ilse im Jahr 2004 starb. Obwohl sie sich häufig an den Pokerspielautomaten vergnügte und sehr geschickt im Lösen deutscher Kreuzworträtsel war, teilten sie und Walter auch viele andere gemeinsame Interessen. Sie liebten Tiere, hatten mehrere Haustiere und wurden Mitglieder im Taronga Zoo in Sydney, den sie regelmäßig besuchten. Offenbar war sie eine begeisterte Großmutter und, wie ihre Schwester Ruth, auch sehr gut im Backen von Kuchen. Es machte ihr große Freude, viele köstliche Rezepte zu kreieren, darunter Hefekuchen und Nusskuchen mit Schokoladenglasur.

Walter liebte klassische Musik, war auch ein eifriger Büchersammler und leistete viel ehrenamtliche Arbeit. Unter anderem besuchte er Mitglieder seiner Synagoge, die krank im Krankenhaus lagen. Während der Jahre, die ich in Sydney lebte, lernte ich sowohl Ilse als auch Walter sehr gut kennen. Mein bleibender Eindruck von meiner Tante ist der einer warmherzigen, etwas zurückhaltenden und doch spirituellen Frau, die es trotz Zeiten extremer Härte und emotionaler Turbulenzen in ihrem Leben immer zu schaffen schien, den Silberstreif zu finden und einfach weiterzumachen. Ich bin sicher, dass ihre Eltern und Großeltern zu Recht stolz auf sie gewesen wären.

Ilse und Walter Freeman

Letztlich sagt die Tatsache, dass so viele Mitglieder der vierten, fünften und nun sechsten Generation der Familie Böhm in ihrem Leben so erfolgreich waren, meiner Meinung nach etwas über die Werte und Eigenschaften aus, die wir alle von Louis und Jenni geerbt haben: dazu gehören der Wunsch, anderen Menschen zu dienen und von Wert zu sein, Ausdauer, Phantasie, Intelligenz, Toleranz, Offenheit, Lebenslust und Abenteuerlust. Ich bin überzeugt, dass diese Eigenschaften auch in den nachfolgenden Generationen der Familie weiterbestehen und sich als das wahre Vermächtnis von Louis und Jenni erweisen werden. In gewissem Sinne sind wir alle eine Fortsetzung ihrer Geschichte. Dennoch sollte sich keiner von uns erlauben, die extremen Entbehrungen und Tragödien zu vergessen, die unsere Vorfahren ertragen mussten, um uns allen zu ermöglichen, in der heutigen Welt zu leben und die Freiheit, die hohe Lebensqualität und die grenzenlose Auswahl zu genießen, die wir zweifelsohne haben.

Das Schreiben dieses Buches war nicht nur ein Prozess, sondern auch eine Reise, eine, die mich in eine andere Ära und in eine andere Welt geführt hat, um zu versuchen, eine Geschichte zu rekonstruieren, die niemand, der heute lebt, möglicherweise erzählt haben könnte. Um dies zu tun, habe ich viele lange Monate damit verbracht, jede mögliche Quelle nach den kleinsten Informationsfetzen zu durchsuchen, die es mir ermöglichen würden, ein weiteres Teil des Puzzles richtig einzusetzen. Ich habe Dutzende von Familienbriefen übersetzt und jeden einzelnen wiederholt gelesen, um nach Hinweisen zu suchen, die zwischen den verblassten Zeilen versteckt sein könnten. Ich habe fast 100 Fotos studiert, oft mit Hilfe eines Vergrößerungsglases, und akribisch versucht, eine Person oder einen Ort zu identifizieren, die helfen könnten, diese Geschichte zu neuem Leben zu erwecken.

Die Böhm-Nachfahren Kate Schweigers 100. Geburtstagsfeier, Sydney 1995

Ich habe praktisch jede Online-Datenbank und jedes Archiv durchsucht und Hunderte von Dokumenten kopiert und aufgezeichnet, die mir viele zusätzliche wertvolle Details über die Familie Böhm und ihr Leben in Katscher geliefert haben. Ich bin durch dieselben Straßen in Breslau, Ratibor und Katscher gelaufen, durch die meine Vorfahren vor fast hundert Jahren vermutlich gegangen sind. Ich habe im eleganten Wohnzimmer des Hauses von Louis und Jenni in der Thrömerstraße gesessen und ihre Gegenwart gespürt wie nie zuvor.

Ich bin durch die Flure der Schule in Katscher gegangen, die die Böhm-Kinder besucht haben. Ich habe schweigend auf einem längst aufgegebenen Stück Boden gestanden, das die Stelle markiert, an der meine Urgroßmutter Jenni Böhm im März 1941 beigesetzt wurde. Ich habe auf dem Bahnsteig des Odertor-Bahnhofs in Breslau gestanden, von wo aus meine Großmutter mütterlicherseits, Clara Böhm, nach ihrer Verhaftung in einen Viehwaggon getrieben wurde, um in ein Konzentrationslager transportiert zu werden. Im Kloster Grüssau saß ich still auf einem Stuhl in dem Gebäude, in dem sie inhaftiert war, bevor sie nach Westen in das Ghetto Theresienstadt geschickt wurde, wo sie, wie wir glauben, schließlich ihr Ende fand. Ich bin die Bahngleise innerhalb des Konzentrationslagers Auschwitz-Birkenau entlanggelaufen und empfand tiefste Verzweiflung und völliges Unverständnis, als ich vor der Ruine des Krematoriums stand, in dem mein Großonkel Siegbert 1942 vergast wurde.

Aber dieses Buch hat mich auch auf eine andere, persönlichere Reise mitgenommen, tief in meine eigene Psyche. Das Schreiben der Geschichte der Familie Böhm hat mich gezwungen, noch einmal zu prüfen, wer ich wirklich bin, mein Leben und das, was mir wichtig ist neu zu bewerten. Es hat mich dazu gebracht, vielleicht endlich einen Sinn für das Unbehagen, die Verwirrung und die Depression zu finden, die ich in verschiedenen Phasen meines Lebens oft empfunden habe. Viele jüdische Menschen meiner Generation, der vierten Generation, sehen sich selbst als Überlebende des Holocausts, obwohl sie zu dieser Zeit nicht am Leben waren und nichts von den schrecklichen Ereignissen direkt erlebt haben, die ihren Vorfahren widerfahren sind. Ich persönlich schließe mich dieser Überzeugung nicht an und sehe mich aus den oben genannten Gründen auch nicht als Holocaust-Überlebende im engeren Sinne des Wortes. Andererseits wäre es jedoch naiv und schlichtweg falsch zu sagen, dass der Holocaust und die schrecklichen Erfahrungen, die meine Mutter, Großeltern und Urgroßeltern machen mussten, keine Auswirkungen auf mich gehabt haben.

Ich glaube, dass die Verfolgung, die Demütigung und Angst, der meine Mutter, Ruth Böhm, sowohl in Deutschland vor dem Krieg als auch in Großbritannien während und nach dem Krieg ausgesetzt war, dazu geführt haben, dass sie für den Rest ihres

Lebens mit einem geringen Selbstwertgefühl und der wiederkehrenden Erwartung zurückblieb, dass die Dinge für sie immer schief laufen würden. Und das taten sie natürlich oft. Traurigerweise habe ich diese Einstellung von meiner Mutter geerbt. Es ist keine Übertreibung, dass mich diese Charakterschwäche in der Vergangenheit bei vielen Gelegenheiten in große Verzweiflung gestürzt und fast um den Verstand gebracht hat. Wenn wir, mich eingeschlossen, davon ausgehen, dass einer der Gründe für die komplexe Persönlichkeit meiner Mutter ihr Leiden nach dem Holocaust war und weil ich einige Aspekte ihres Charakters geerbt habe, bin ich in gewisser Weise auch ein Opfer des Holocausts. Ich bin davon überzeugt, dass die Wellen der Verzweiflung, der Qual und der endlosen Frage nach dem *"Warum?"* von Generation zu Generation weitergetragen worden sind. Sie haben uns alle in dieser nun verstreuten, aber immer noch spirituell verbundenen Familie mehr oder weniger stark betroffen.

Als Teil meiner Suche, mehr über meine eigene Identität herauszufinden, beschloss ich, eine Probe meiner DNA analysieren zu lassen. Ich hatte gehofft, dass dies einige empirische Beweise dafür liefern könnte, wer ich wirklich bin. Ich hatte mich immer als Waliser betrachtet, da ich in Wales geboren und aufgewachsen bin und die ersten 20 Jahre meines Lebens dort verbracht habe. Und selbst nachdem ich die letzten 14 Jahre in Deutschland gelebt habe, fühle ich mich immer noch jedes Mal, wenn ich in diesen magischen Teil des Vereinigten Königreichs zurückkehre, wie zu Hause. Als die Ergebnisse meines DNA-Tests zurückkamen, las ich mit einiger Überraschung und einem gewissen Schock die Analyse meiner ethnischen Zugehörigkeit:

Europäisch-jüdisch 50%

-Polen, Slowakei, Ungarn & Mähren,

Deutschland, Niederlande, Belgien & Luxemburg

Deutschsprachiges Mitteleuropa 10%

England, Wales und Südengland 38%

Da war es also schwarz auf weiß. Mindestens 60 Prozent von dem, was ich bin, sind jüdisch, mitteleuropäisch und deutschsprachig. Nur ein kleiner Teil von mir ist tatsächlich walisisch, wahrscheinlich kaum genug, um das traditionelle Tragen einer Narzisse am St. David's Day zu rechtfertigen. Es war nun klar, dass ich meine Identität und mein Gefühl dafür, wer ich wirklich bin, neu bewerten musste. Nachdem ich meinen DNA-Bericht erhalten habe, weiß ich nun, dass ich, zumindest genetisch gesehen, hauptsächlich von jüdischen, mitteleuropäischen, deutschsprachigen Vorfahren abstamme. Aber was bedeutet das eigentlich? Wenn wir der Wissenschaft glauben, dann mag es tatsächlich so sein, dass die Gene einen Einfluss auf die Charaktereigenschaften haben und dass die Charaktereigenschaften die Persönlichkeit und letztlich das Gefühl für die eigene Identität mitprägen. Aber hat irgendetwas davon tatsächlich einen Einfluss darauf, wie wir uns selbst wirklich sehen?

Dieses Buch begann mit meiner Mutter, Ruth Böhm, die im Mai 1939 auf einem Bahnhof in Breslau stand und im Begriff war, ihre Heimat für immer zu verlassen. Daher scheint es angebracht, dass ich zu der einen Person zurückkehre, die mir das Leben geschenkt hat, um diese Geschichte abzuschließen. Denn in vielerlei Hinsicht hat sich auch für mich der Kreis geschlossen. Ich begann mein Leben als Kind einer jüdischen, deutschsprachigen Einwanderin in einer tristen walisischen Bergarbeiterstadt und begab mich auf eine Reise, die mehr als ein halbes Jahrhundert dauern sollte. Leider kann man nicht sagen, dass meine Mutter ein glückliches Leben oder ein langes Leben hatte. Nachdem sie aus einer idyllischen Existenz im Schoß einer liebenden Familie herausgerissen wurde, nur um dann in dem Land, das ihr eigentlich Zuflucht bieten sollte, verhaftet und eingesperrt zu werden, schlug sie sich durchs Leben, so gut sie konnte. Aber ihre Sturheit und ihr Stolz verleiteten sie oft dazu, viele schlechte Entscheidungen zu treffen. In gewisser Weise wurde sie ihr eigener schlimmster Feind.

Ruth Böhm 1957

Nach nur zehn Jahren scheiterte ihre Ehe mit George. 1966, als mein Vater starb, schlüpfte Ruth mühelos in die Rolle der "fröhlichen Witwe", als wäre diese Rolle nur für sie geschaffen worden. Vor allem liebte sie es, sich mit Freunden zu treffen, zu tanzen, Kuchen zu backen, in der Nähe des Meeres zu sein, zu lachen und einfach Spaß zu haben. Sie hatte viele gute Freunde und hatte in den letzten zehn Jahren ihres Lebens eine Reihe von Beziehungen mit Männern, von denen die meisten sehr gut zu ihr waren. Als ich jünger war, verfiel sie manchmal in eine nachdenkliche und nostalgische Stimmung und sagte mit einem Seufzer und Traurigkeit in der Stimme einfach: "Ich habe ein besseres Leben als dieses verdient." Und meine Mutter hatte tatsächlich ein besseres Leben verdient als das, das sie gehabt hat. Noch heute überkommt mich tiefe Trauer, wenn ich daran denke, wie anders ihr Leben hätte sein können, wenn sie länger gelebt hätte. Sie hatte sich erst ein Jahr vor ihrem Tod wieder mit ihrer Schwester Ilse zusammengetan. Ich bin überzeugt, dass die beiden sich wieder näher gekommen wären und dass meine Mutter letztendlich nach Australien gegangen wäre, um endlich wieder mit der Familie vereint zu sein, die sie viele Jahre zuvor auf so tragische Weise verloren hatte.

Wie bei jeder Reise ist nicht so sehr das Ziel wichtig, sondern vielmehr die verschiedenen Stationen auf dem Weg. Die Stationen geben dem Reisenden oft einen Hinweis darauf, welchen Weg er als nächstes gehen muss. Wenn ich auf meine 69 Lebensjahre zurückblicke, sehe ich viele dieser Stationen langsam aus dem Nebel der Vergangenheit auftauchen. Sie zeigen mir deutlich, wohin die Reise ging, wo ich richtig abgebogen bin und wo ich eine falsche Abzweigung genommen habe. Ich sehe eine unglückliche Kindheit und mittelmäßige Leistungen in der Schule. Ich sehe Einsamkeit und ein tiefes Gefühl, nicht dazuzugehören. Ich sehe die Sehnsucht, meinem zerrütteten Zuhause und der dysfunktionalen Familie zu entkommen. Ich sehe den unerwarteten Luxus einer Universitätsausbildung, in der ich die komplexe Schönheit der deutschen Sprache und das bewusstseinserweiternde Potenzial der Philosophie entdeckte. Ich sehe akademischen Erfolg trotz eines Nervenzusammenbruchs, der eine Depression auslöste, die über viele Jahre immer wiederkehren sollte. Ich sehe eine Reihe von bedeutungslosen Jobs, die mich schließlich in die falsche Karriere führten, die jedoch 25 Jahre lang andauern sollte. Ich sehe zahlreiche erfolglose Beziehungen mit Frauen, zwei gescheiterte Ehen und viele Freundschaften, die ich aufgrund meines oft selbstzerstörerischen Charakters verlor. Das waren die falschen Abzweigungen, wie ich es bezeichnen würde. Es gab auch Zeiten während meiner Reise, in denen ich den richtigen Weg gewählt habe. Ich habe zwei wunderbare Kinder, auf die ich unglaublich stolz bin. Die Jahre, die ich zwischen 1988 und 1995 in Australien verbrachte, ermöglichten es mir zum ersten Mal, eine Beziehung zur Großfamilie meiner Mutter aufzubauen und mein "Jüdischsein" zuzulassen. Während dieser ersten Monate in Australien wurde mir schnell klar, dass alle lebenden australischen Nachkommen von Louis und Jenni Böhm praktizierende Juden waren. Dies war etwas völlig Neues für mich. Zum ersten Mal in meinem Leben setzte ich die traditionelle *Kippa* auf, bevor ich die wichtigen jüdischen Feiertage wie Chanukka und Pessach mit meiner neuen Familie feierte, die sowohl mich als auch meine Frau herzlich in ihrem Haus willkommen hieß. Obwohl ich kein religiöser Mensch bin, erfüllten mich diese denkwürdigen Anlässe mit großem Stolz, mit einem Gefühl der Zugehörigkeit und einer tief empfundenen Spiritualität.

In Katscher hatten Louis und Jenni Böhm in der Thrömerstraße Nr. 3 gewohnt. In der Welt des Tarot soll die Engelszahl 3 für "Wachstum, Inspiration, innere Führung und Manifestation" stehen. Man glaubt auch, dass diese Zahl anzeigt, dass das Universum all die Unterstützung und Führung zuteilt, die man braucht, um eigene Wünsche und die eigene Lebensaufgabe zu erfüllen. Die Zahl Drei ist zu meiner Glückszahl geworden. Ich habe echte Erfüllung in meinem dritten Beruf, dem Unterrichten, gefunden. Ich habe auch wahres Glück, Liebe und ein Gefühl der Zugehörigkeit mit meiner dritten Frau und absoluten Seelenverwandten, Christine, gefunden. Schließlich habe ich in Deutschland, meinem dritten und letzten Wohnsitz, völlige Zufriedenheit und einen neuen Lebenssinn gefunden. Am 12. April 2019 schloss ich schließlich meinen eigenen Lebenskreis, indem ich die deutsche Staatsbürgerschaft annahm. Obwohl die Zeremonie selbst nicht länger als 20 Minuten dauerte, entging mir an diesem warmen Frühlingsnachmittag die immense Bedeutung des Ereignisses nicht. Ich war mir im Klaren, dass ich eine bewusste Entscheidung getroffen hatte, ein dauerhafter Bürger des Landes zu werden, das für die Ermordung mehrerer Mitglieder meiner eigenen Familie verantwortlich gewesen ist. Mehr als einmal bin ich gefragt worden, wie es sein kann, dass ich mich in Deutschland zu Hause fühle, wenn ich an die tragischen Ereignisse denke, die der Familie Böhm während des Hitler-Regimes widerfahren sind. Ich habe viele qualvolle Stunden damit verbracht, mich mit dieser Frage auseinanderzusetzen. Obwohl ich nicht in der Lage gewesen bin, eine endgültige Antwort zu finden, haben mich drei tief verwurzelte Überzeugungen in die Lage versetzt, eine Art Frieden mit meinem Gewissen zu schließen. Erstens: Ich bin und bleibe ein Teil Deutschlands. Aus diesem Grund habe ich immer eine enge Affinität zu diesem Land, seiner Sprache, Literatur, Musik und Kultur gehabt. Zweitens hat das heutige Deutschland keine Ähnlichkeit mit dem Land, das 1933 Adolf Hitlers kometenhaften Aufstieg zur Macht ermöglichte. Das Deutschland, das ich kenne und lieben gelernt habe, ist eine tolerante, friedliche und sozial engagierte Nation und zweifelsohne eine der multikulturellsten Gesellschaften der heutigen Welt. Die viel kritisierte Entscheidung von Bundeskanzlerin Angela Merkel im Jahr 2015, mehr als einer Million Flüchtlingen die Möglichkeit zu geben, sich in Deutschland niederzulassen und ein neues Leben für sich und ihre Familien aufzubauen, wird, so glaube ich, als ein völlig selbstloser Akt der Menschlichkeit in die Geschichte eingehen. Deutschland war bereit, Tausenden von ehrbaren Menschen, die aus ihren Häusern in den vielen Kriegsgebieten der Welt fliehen mussten, die Hand der Freundschaft zu reichen. Drittens: Ob wir nun an einen Gott glauben oder nicht, Vergebung ist etwas, zu dem wir alle fähig sind und an dem es in der heutigen Welt dennoch traurigerweise mangelt. Die vielen Gespräche, die ich im Laufe der Jahre mit Deutschen über Adolf Hitler und den Holocaust geführt habe, haben mir vermittelt, dass es in Deutschland ein kollektives Schuldgefühl über dessen Vergangenheit gibt. Diese Schuld ist in das nationale Bewusstsein eingebrannt und ist fast nicht zu entfernen. Aber ich glaube wirklich, dass es nur einen Weg gibt, diese Brandmarke unsichtbar zu machen, und das ist, einen Weg zu finden, Deutschland und den Deutschen für die schrecklichen Ereignisse zu vergeben, die vor mehr als 70 Jahren auf deutschem Boden stattfanden. Ich für meinen Teil weiß in meinem Herzen, dass ich Deutschland für die Tragödie und das unbeschreibliche Leid vergeben habe, das es über die Familie Böhm während der zweifellos schwärzesten Periode der modernen europäischen Geschichte gebracht hat.

Die komplexe und oft tragische Geschichte von Louis und Jenni Böhm und der Familie, die sie schufen, zu rekonstruieren, war eine immens lohnende und erhellende Erfahrung für mich. Sie hat mir wirklich geholfen, zu entdecken, wer ich wirklich bin - ein in Großbritannien geborener, deutschsprachiger Europäer mit starken jüdischen Wurzeln und Erbe, der sich dauerhaft im Land seiner Vorfahren niedergelassen hat. Zumindest zum Teil verdanke ich dieses neue Gefühl der Identität und Zugehörigkeit Louis und Jenni Böhm. Dafür zolle ich ihnen Tribut. Denn ich bin endlich nach Hause gekommen.

DANKSAGUNGEN

Dieses Buch wäre ohne die Hilfe von vielen verschiedenen Personen nicht möglich gewesen. Zuallererst möchte ich mich bei den Mitgliedern der erweiterten Familie Böhm bedanken, die mir freundlicherweise eine unerschöpfliche Fundgrube an Briefen, Fotos, Dokumenten und persönlichen Anekdoten zur Verfügung gestellt haben, die sehr geholfen haben, das Buch zum Leben zu erwecken: Peter Vincent, Dennis Levy, Susan Levy, Stephen Freeman, Susan Ray, Jenni Böhm, Ron Hirsch und Katryn van Dyck. Ich möchte auch der Familie Szwej in Kietrz von ganzem Herzen für ihre großzügige Gastfreundschaft danken, die es Lucy und mir ermöglichte, einen denkwürdigen Tag im ehemaligen Haus von Louis und Jenni zu verbringen, die uns in Kietrz herumgeführt haben und mir erlaubten, Fotos von ihrer Familie und ihrem Haus in das Buch aufzunehmen. Ein großes Dankeschön muss auch an Heniek Huss und Stanislawa Rychlik gehen, meine polnisch-deutschen Spürnasen vor Ort in Schlesien, die mir in den letzten zwei Jahren zahlreiche Zeitungsartikel und Sachdokumente über Katscher und die Familie Böhm in der Vorkriegszeit geschickt haben. Ich möchte dem sehr talentierten Jack Bedford dafür danken, dass er beim Layout der vorläufigen Version des Buches so großartige Arbeit geleistet hat. Große

Dankbarkeit schulde ich meiner verstorbenen Schwiegermutter Christa Vogel, die viele Stunden ihrer eigenen Zeit damit verbrachte, mir zu helfen, Dutzende von Briefen zu entziffern, die in alter deutscher Sütterlinschrift geschrieben waren. Während wir die Briefe mühsam übersetzten, war sie völlig in die sich entfaltende Geschichte der Böhms vertieft und hätte das fertige Buch sicher gerne gelesen. Leider war dies nicht der Fall, denn sie starb plötzlich, nur wenige Monate bevor ich den letzten Entwurf fertiggestellt hatte. Ihr Schwiegersohn, Ingo Busch, sprang freundlicherweise ein, um mir bei der Übersetzung der Briefe zu helfen, die Christa nicht mehr hatte übertragen können. Schließlich muss ich natürlich meiner Frau Christine für all ihre moralische Unterstützung, Ermutigung und guten Ratschläge während der letzten drei Jahre danken und dafür, dass sie mir nie erlaubt hat, das Projekt aufzugeben, obwohl es sicherlich Zeiten gab, in denen ich nichts anderes tun wollte.

REFERENZEN

Ich denke, man kann mit Fug und Recht behaupten, dass dieses Buch ohne die Hilfe des Internets niemals das Licht der Welt erblickt hätte. Die riesige Menge an Informationen und Quellen, die jetzt online für Menschen mit genügend Zeit und Geduld zur Verfügung stehen, ist wirklich atemberaubend. Durch die Identifizierung und den Zugang zu unzähligen Genealogie-Seiten, Online-Datenbanken, Universitätsbibliotheken, Holocaust-Gedenkstätten, Büchern und Websites mit historischen Ressourcen wurde meine Aufgabe, die Böhm-Geschichte zu rekonstruieren, erheblich erleichtert. Ich möchte mich daher bei den folgenden Quellen bedanken, die ich bei meinen Recherchen als besonders hilfreich empfunden habe:

Ancestry.com und Ancestry.de

Gemeindeamt in Kietrz (Standesamt in Katscher)

Staatsarchiv Oppeln http://opole.ap.gov.pl/resources/resources-characteristics.html

Arolsen Digitales Archiv, Deutschland https://arolsen-archives.org/

Historische Website von Leobschütz https://www.leobschütz-oberschlesien.de

Holocaust-Museum https://www.ushmm.org/

Tschechische Republik Holocaust-Datenbank https://www.holocaust.cz

Virtuelles Schtetl https://www.Sztetl.org.pl

JewishGen.org https://www.jewishgen.org/databases/

Verein für Computergenealogie

Yad Vashem Holocaust Datenbank, Louis Böhm Eintrag: https://yvng.yadvashem.org/nameDetails.html?language=en&itemId=11478109&ind=1

Breslau (Wroclaw) - Alte Strassennamen

Helen Fry, ‚Freud's War'

Fred Pelican, *From Dachau to Dunkirk*

Ernest Heppner, USHMM Oral History, 1999

BBC WW2, die 'People's War' Seite

Willy Cohn, *Keine Gerechtigkeit in Deutschland: Die Breslauer Tagebücher, 1933-1941*

Eva Neisser Echenberg *Walter's Welcome*

www.ingramcontent.com/pod-product-compliance
Lightning Source LLC
LaVergne TN
LVHW010317070526
838199LV00065B/5597